Edith Krispien
Halte doch mal eine Bibelstunde!
17 Seminar-Vorlagen

Weitere Informationen über den Verlag und sein Programm
unter www.buchmedia.de

Bibliographische Information der Deutschen Bibliothek

Die Deutsche Bibliothek verzeichnet diese Publikation
in der Deutschen Nationalbibliographie;
detaillierte bibliographische Daten sind im Internet
über <http://dnb.ddb.de> abrufbar.

Februar 2007
© 2007 Buch&media GmbH, München
Umschlaggestaltung: Kay Fretwurst, Freienbrink
Herstellung: Books on Demand GmbH, Norderstedt
Printed in Germany · ISBN 978-3-86520-245-1

Inhalt

Liebe Freunde 7

Die grösste Chance der Menschheit
Die Gottesherrschaft........................... 11

Geistheilung
Die Heilung des Syrers Naeman 15

Zwischen Auferstehung und Himmelfahrt
Die Tage der Transformation 24

Die Entstehung des Glaubens................... 32

Christus erkennen und bekennen
Der Kern der christlichen Religion 43

Die beiden Ölbäume und der Sohn der Sklavin
Betrachtung von drei Weltreligionen in der Bibel 50

Gott als fühlendes Wesen
Ein Seminar über die Emotionen Gottes bei einem
Streifzug durch die Bibel 58

Die silberne Schnur
Das Bindeglied zwischen drei möglichen Körpern
des Menschen 60

Die Seele der Pflanzen 72

Wiedergeburt und Geisttaufe:
Das Angebot Christi.......................... 74

Zauberei
Ein häufiger Begriff in der Bibel 83

ERZIEHUNGSGESCHICHTE DER MENSCHHEIT
Eine Betrachtung anhand der Bibel................... 89

HIOBS FREUNDE UND DIE KARMAFRAGE
Ein Seminar über das Buch Hiob aus der Bibel im
Zusammenhang mit Goethes »Faust«................. 92

WAS WIRKLICH LIEBE IST 94

TRAUT SICH JEMAND ZU, DASS ER CHRISTUS ANGEHÖRE ...?
2. Korinther 10, 7................................ 96

SCHLÜSSELWORTE IN DER BIBEL 100

WEIHNACHTEN.................................. 103

LIEBE FREUNDE 106

Liebe Freunde,

nun stelle ich einige Seminarvorlagen hier vor. Da bekommt man schon einen Eindruck, wie sich die Arbeit gestalten lässt. Die Bibel hat Antworten auf jedes Problem, und die Teilnehmer einer Gruppe kommen ganz von selbst auf Themen, die sie gern behandeln möchten. Man kann sich auch untereinander Aufgaben verteilen, an jeden, der es sich zutraut. Also wünsche ich viel Freude für den Anfang, es lohnt sich auf jeden Fall! Wenigstens einmal im Monat sollte man mit seiner Gruppe zusammenkommen.

Wir haben uns in der Regel einen Samstag im Monat genommen, wegen der berufstätigen Teilnehmer. Und dann haben wir uns den Tag schön gestaltet. Jeder brachte etwas für den Mittagstisch mit, und es ist stets ein wunderbares, vielseitiges Essen für uns alle dabei herausgekommen. Nach der Bibelarbeit am Vormittag haben wir eine kurze Meditation abgehalten mit gegenseitigem Erfahrungsaustausch – und dann ging es weiter mit unserem Thema des Tages, wo wir uns für das nächste Treffen schon unsere Wünsche anhören konnten.

Da es sich bei einer solchen Arbeit nicht um eine Predigt oder eine Vorlesung handelt, wo eine Person von einem Podium aus spricht, sollte die Gruppe stets im Kreis sitzen. Dabei hat jeder den gleichen Abstand zur Mitte und jeder Teilnehmer ist gleich wichtig. Bei Lesungen kann man sich abwechseln, das ergibt sich ganz von selbst. Ihr werdet es sehen – wenn einmal eine Person nicht dabei sein kann, wird sie von allen vermisst.

Dann kam die zweite Unterbrechung: die Kaffeepause. Natürlich hatten sich auch einige dafür entschieden, einen Kuchen zu backen, während andere lieber einen Salat oder eine Suppe für das Mittagessen mitbrachten. Nach dem Kaffee wurden die Träume ausgelegt. Einer aus der Gruppe brachte immer einen

Traum, meistens mehrere. Es ist eine Erfahrung, dass Menschen mit zunehmendem Wachstum in ihrem Glaubensleben auch öfter träumen und ein besseres Verständnis für Symbole entwickeln. Die biblischen Traumbeispiele helfen uns bei der Auslegung. Und wir lernen, die Träume ernst zu nehmen und besser zu behalten. Nach der Kaffeepause haben wir noch einmal eine Arbeitsstunde angehängt und uns schließlich nach einer Zeit für persönliche Gespräche verabschiedet – mit großer Freude auf das nächste Treffen. So sind wir mit der Zeit eine schöne, spirituelle Familie geworden.

Und für ein ganz besonders umfangreiches Thema lohnt sich auch schon mal ein Wochenende. Nach einer Weile macht man auch gern einmal zusammen Urlaub und verbindet die Erholung mit der spannenden Bibelarbeit. Zum Beispiel eine Woche Seminar und anschließend eine Woche zur Erholung.
Nun wünsche ich Euch Erfolg!

Eure
Edith Krispien

SEMINARVORLAGEN

DIE GRÖSSTE CHANCE DER MENSCHHEIT

Die Gottesherrschaft

Wenn wir von der Schöpfung ausgehen, die wir auf der Erde sehen können in ihrer Vielfalt, so ist der Mensch bei aller nötigen Bescheidenheit an der Spitze der Evolution als das Geschöpf mit Großhirn und höchsten Möglichkeiten eigener schöpferischer Tätigkeiten. Die Bibel schließt sich in der Schöpfungsgeschichte dieser Ansicht durchaus an. Der nächste Schritt wäre nun eine Entwicklungsstufe des Menschen, die ihn mit seinem Schöpfer in einen direkten Kontakt bringt. Auch das war in der Planung von Gott her durchaus vorgesehen. Aber der Mensch war noch nicht so weit.

Beginnen wir mit dem 2. Buch Moses.

2. Mose 20, 18-2: Als aber das ganze Volk die Donnerschläge und Blitze, den Posaunenschall und den rauchenden Berg wahrnahm, da fürchtete sich das Volk und zitterte und blieb in der Ferne stehen. Und sie sprachen zu Mose: Rede du mit uns, so wollen wir zuhören; aber Gott soll nicht mit uns reden, sonst müssen wir sterben. Mose aber sprach zum Volke: Fürchtet euch nicht ...

Auch wir wissen, dass Furcht oft zu großen Dummheiten führt. Hier wurde zum ersten Mal die große Chance verpasst, Gott direkt zu hören. Auffallend ist, was das Volk *wahrnahm!* – *Blitze, Donner und Rauch.* Schauen wir uns das mal symbolisch an – das sind große Erschütterungen, die auch Schicksalsschläge und starke Erfahrungen sein könnten, in denen ein gläubiger Mensch stets Gottes Stimme und Führung erkennen kann. In jedem Leben gibt es Wendungen, die Erdbeben gleich kommen, und auf die Menschen mit Furcht reagieren. Ein ganz besonderer Vers aus dem Hebräerbrief 1,7 weist auch noch darauf hin:

Der seine Engel zu Winden macht und seine Diener zur Feuerflamme. Es kommt also darauf an, Gottes Stimme zu erkennen in allem, was uns begegnet.

Denken wir auch noch daran, wie der Knabe Samuel zum ersten Mal die Stimme Gottes hört (1. Samuel 3,1-9). Dreimal läuft der Knabe durch den Tempel zu Eli, nachdem er seinen Namen rufen hört. Im Vers 7 heißt es dann: *aber Samuel kannte den Herrn noch nicht.* Er musste es also erst lernen, die innere Stimme von der äußeren zu unterscheiden. Durch diese Lehrstunden geht jeder Mensch zu seiner Zeit.

Hören wir uns dazu noch den Vers zum Schluss des Kapitels an, wo Gott über Moses zu dem Volk spricht:

> 2. Mose 20, 25-26: Willst du mir aber einen Altar aus Steinen machen, so sollst du ihn nicht aus behauenen Steinen bauen; denn wenn du sie mit Eisen behaust, so entweihst du sie. Du sollst auch nicht auf Stufen zu meinem Altar emporsteigen, damit nicht deine Blöße von ihm enthüllt werde.

Ein sehr merkwürdiger Vers, und doch schimmert bereits das spätere Evangelium hindurch. Auch dort werden Menschenseelen mit »*lebendigen Steinen*« verglichen, aus denen der Tempel Gottes gebaut werden soll. Und da direkter Kontakt mit Gott möglich werden soll, dürfen keine Stufen zwischen ihm und jedem einzelnen Menschen geschaffen werden. Aber genau das hatten sie mit ihrer Bitte an Moses getan: Sie hatten eine Priesterkaste zwischen sich und Gott gestellt und verlangt, dass Gott zuerst und allein mit dem Priester reden sollte.

Die nächste Stufe des Abfalls von Gott, die zugleich eine noch größere Entfernung zwischen ihm und den Menschen aufbaut, finden wir bei Samuel:

> 1. Samuel 8, 4-8: Da versammelten sich alle Ältesten, kamen zu Samuel nach Ramas und sprachen zu ihm: Siehe, du bist alt geworden, deine Söhne aber wandeln nicht in deinen Wegen. So setze nun einen König über uns, dass er uns regiere, wie es bei allen Völkern Brauch ist. Doch Samuel missfiel es, als sie sagten: Gib uns einen König, dass er uns regiere. Der Herr aber sprach zu Samuel: Willfahre

dem Begehren des Volkes in allem, was sie zu dir sagen; denn nicht dich, sondern mich haben sie verworfen, dass ich nicht König über sie sein soll. Ganz so, wie sie mir getan haben seit dem Tage, als ich sie aus Ägypten heraufgeführt habe, bis auf diesen Tag ...

Wir sehen also: Gott hat ein sehr gutes Gedächtnis. Das Ereignis in der Wüste liegt etwa schon 500 Jahre zurück. Damals wollten sie erst einmal einen Priester zwischen sich und Gott, um ihn nicht direkt hören zu müssen. Jetzt ist ihnen auch das nicht mehr gut genug – sie wollen eine Erbmonarchie, wo die leiblichen Söhne jeweils den Thron erben sollen, ob sie nun mit Gott reden können oder nicht. Schon der dritte König Israels, Salomo, erkannte klar, dass ein König sehr leicht einen Narren zum Nachfolger haben kann.

Wie wir in den beiden Büchern der Könige lesen können, war die Blutlinie mit vielen schlechten Königen besetzt, die anderen Göttern nachfolgten. Nur die ersten drei – Saul, David und Salomo – herrschten über das ganze Israel mit allen zwölf Stämmen. Dann wurde das Reich geteilt in Israel und Judäa. Es gab von da an zwei Königslinien, aus beiden Ländern wurden die Israelis von den Babyloniern als Sklaven weggeführt, und das Ende der Könige war die Besetzung beider Länder durch die Römer. Aber Gott hat sie nur beobachtet, jedoch immer noch nicht verlassen.

Denn nun kam Jesus. Und wir lesen:

1. Johannes, 11-12: Er kam in das Seine, und die Seinen nahmen ihn nicht auf. So viele ihn aber aufnahmen, denen gab er Anrecht darauf, Kinder Gottes zu *werden*.

Damit wäre die direkte Verbindung zu Gott für jeden einzelnen Menschen wieder hergestellt, so wie sie von Anfang an geplant war. Kein Priester und kein König dazwischen, und keine andere Macht. Die wahrhaft höchste Chance der Menschheit. Einmal müssen sie es doch verstehen ...

Aber Jesus war sich sehr wohl im Klaren darüber, dass die Menschen dieses Verständnis zu seiner Zeit noch nicht erreicht hatten. Er drückt es direkt aus:

> Johannes 3, 31-32: Wer von oben her kommt, der ist über allen; wer von der Erde her stammt, der stammt von der Erde her und redet von der Erde her; wer vom Himmel her kommt, der ist über allen. Was er gesehen und gehört hat, das bezeugt er, und sein Zeugnis nimmt niemand an.

Das ist tragisch. Jesus wusste, wer er war, und er erfüllte seinen Auftrag als Weltlehrer innerhalb von drei Jahren, womit er wahrhaftig die Welt verändert hat. Aber er erkannte auch den Horizont von Wissen und Vorstellungen bei den Menschen, zu denen er sprach. Sie sahen einen Menschen, der gewaltig predigte und Kranke heilte, aber wie sollten sie ein Wesen erkennen, welches aus den himmlischen Welten herunter gekommen war und ihnen ihre wahre Bestimmung erklärte? Auch hier konnten sie wieder gewaltige Erschütterungen *wahrnehmen,* so wie seinerzeit bei Mose, aber Gottes Stimme erkannten sie auch bei ihm noch nicht. Auch das drückt Jesus aus, mit aller Trauer, die dabei hindurch klingt:

> Johannes 3, 33-36: Wer sein Zeugnis angenommen hat, der hat bestätigt, dass Gott wahrhaftig ist. Denn der, den Gott gesandt hat, redet die Worte Gottes, denn nicht nach begrenztem Maß gibt er den Geist.

Hier wird noch einmal ganz klar, dass Gott auf verschiedene Weise zu den Menschen reden kann und es auch tut. Wir müssen es nur richtig wahrnehmen. Deshalb heißt es auch bei Jesus immer wieder: *Wer Ohren hat zu hören, der höre!*

GEISTHEILUNG

Die Heilung des Syrers Naeman

Diese Heilungsgeschichte eines syrischen Feldherrn ist wirklich eine besondere Schlüsselgeschichte, in der die Überwindung falscher Vorstellungen von einer möglichen Geistheilung eine große Rolle spielt. Sogar Jesus beruft sich darauf: Lukas 4, 26-28. Gehen wir sie deshalb einmal gründlich durch.

2. Könige, Kapitel 5 vollständig:
Vers 1: Naeman, der Feldhauptmann des Königs von Syrien, galt viel bei seinem Gebieter und war ein angesehener Mann; denn durch ihn hatte der Herr den Syrern Sieg verliehen. Und der Mann wurde aussätzig.

Dieser Vers ist ein starkes Beispiel dafür, wie konzentriert die Bibel ist, besonders in dieser Geschichte. Der erste Vers enthält bereits so viele Informationen, dass sie allein schon aufhorchen lassen. Hier wird also von einem General gesprochen, der gerade einen siegreichen Feldzug gegen Israel hinter sich hat. Kein Wunder, dass er bei seinem König hoch in Ehren stand. Jedoch wurde der Sieg durch *den Herrn* bewirkt, was die Syrer nicht wissen konnten, denn die Syrer waren Heiden und Anbeter ihres Gottes Rimmon. Für die späteren Bibelleser ist diese Information jedoch sehr wichtig.

Nun also kommt der stolze junge General von seinem siegreichen Feldzug zurück und wird gefeiert – aber dann wird er aussätzig.

Versuchen wir uns die volle Wucht der Bedeutung dieser wenigen Worte vorzustellen. Die Aussätzigen – also die Leprakranken – wurden für immer aus ihrer Gesellschaft ausgestoßen. Sie verloren alles – ihre Familie, ihren Beruf, ihre Ehre – einfach alles. Sie verbrachten ein Dasein wie in einem einzigen Horror, wo ihnen nacheinander die Gliedmaßen verfaulten, ohne die geringste Hoffnung. Und sie konnten ziemlich lange so leben. Erst im letzten Jahrhundert (genau 1957) wurde es möglich, diese schreckliche Krankheit durch Impfungen zu besiegen. Allerdings gibt es auch heute noch Leprakolonien in einigen Teilen der Welt. Was für ein Absturz von der Höhe des Ruhmes in die schrecklichste Hoffnungslosigkeit. Aber – wir erinnern uns! Das alles wurde *durch den Herrn* bewirkt.

Und so können wir – 2500 Jahre später als dieses Ereignis – zu diesem wunderbaren Lehrstück kommen. Lesen wir jetzt weiter:

> Vers 2-3: Nun waren die Syrer einst in Streifscharen ausgezogen und hatten ein kleines Mädchen aus dem Lande Israel hinweggeführt; das kam in den Dienst der Gemahlin Naemans. Und es sprach zu seiner Herrin: Ach, wenn nur mein Herr bei dem Propheten zu Samaria wäre! Der würde ihn von seinem Aussatz befreien.

Der Krieg, den Naeman gerade gewonnen hatte, und bei dem sicher auch Kriegsbeute gemacht wurde, hatte nichts mit den kleineren Raubüberfällen aus der Vergangenheit zu tun. Dafür spricht der Ausdruck *Streifzüge von einst*. Das kleine Mädchen, welches als Kind zu Naemans Ehefrau kam, hatte sich inzwischen an sein Schicksal gewöhnt und seine Pflegeeltern lieb gewonnen. Sie nimmt Anteil an seinem schrecklichen Schicksal und möchte ihm helfen. Und sie spricht direkt zu seiner Frau! Zwar erinnert sie sich nicht mehr an den Namen des Propheten in Israel (in der Provinz Samaria), aber doch an seinen Ruf, Kranke heilen zu können. Was für ein Detail! Auch in diesem Kind überlebte der Ruf der Gotteskraft länger; und so hörte es ein Heide, der den Schöpfergott des Universums nicht kannte oder je von ihm gehört hatte. So wurde diese vage Mitteilung der Anlass für die große Geschichte eines Menschen, für den es sonst keine andere Hoffnung mehr gab als nur ein Wunder. Welcher berühmte General würde schon einem Kind glauben, welches als Sklave in sein Haus gekommen war? Aber an diesem entscheidenden Punkt geht die Geschichte nun weiter:

Vers 4-6: Da ging Naeman zu seinem Herrn, teilte ihm das mit und sprach: So und so hat das Mädchen aus dem Lande Israels geredet. Der König von Syrien erwiderte: So ziehe hin, ich will dem König von Israel einen Brief senden. Und er zog hin und nahm zehn Talente Silber, sechstausend Lot Gold und zehn Festkleider mit. Und er brachte dem König von Israel den Brief; darin hieß es: Und nun, wenn dieser Brief an dich gelangt, so wisse, dass ich meinen Knecht Naeman zu dir gesandt habe, damit du ihn von seinem Aussatz befreist.

Das ist ja nun ein so starkes Stück, dass wir hier genauer hinschauen müssen. Der König von Syrien, der gerade Israel durch seinen General Naeman besiegt hatte, schickt eben diesen Mann mit einem Brief an den besiegten König zurück, er möge ihn von der Lepra befreien – damals eine vollkommen unbesiegbare Krankheit. Eine Mischung von rührender Naivität und unglaublicher Frechheit. Dieser syrische König, selbst ein Heide und Rimmonanbeter, half seinem Freund, einem schwer zu glaubenden Hinweis durch ein Kind nachzugehen. Und da ja nun der König der höchste Mann im Staate ist, so wie er selbst, muss also der König derjenige sein, der dieses Wunder vollbringen könnte. Damit kommen wir zu der ersten falschen Vorstellung über die Geistheilung. Es ist kein weltlicher König oder sonst eine Autorität, die das bewirken könnte, sondern nur Gott allein. Die zweite falsche Vorstellung kommt noch dazu: Diese Heilung kann niemand kaufen. Und die mitgebrachten Geschenke entsprachen nach heutigem Wert rund einer Million Euro.

Nun hören wir die durchaus verständliche Reaktion des israelischen Königs:

> Vers 7: Als der König von Israel den Brief gelesen hatte, zerriss er seine Kleider und sprach: Bin ich denn ein Gott, der töten und lebendig machen kann, dass dieser mir entbietet, ich solle einen Menschen von seinem Aussatz befreien? Da erkennt ihr nun und seht, wie er Händel mit mir sucht!

Diese Geschichte ist ja nicht ohne Humor. Immerhin denkt der König von Israel wenigstens schon mal an Gott und sagt, dass er selber keiner sei. Aber viel weiter denkt er nicht, obwohl er es besser wissen müsste. Denn was das kleine Mädchen noch wusste, war ja auch ihm bekannt. Er fürchtete jedoch, dass die Syrer mit einem Trick einen neuen Krieg mit ihm beginnen wollen, indem sie Unmögliches verlangten. Nun greift der Mann in Israel ein, der eine echte Gottesverbindung hatte, nämlich der *Prophet Elisa selbst*, der große Nachfolger Elias.

> Vers 8: Als der Gottesmann Elisa hörte, dass der König von Israel seine Kleider zerrissen habe, sandte er zu ihm und ließ ihm sagen: Warum hast du deine Kleider zerrissen? Lass ihn doch zu mir kommen, so soll er erfahren, dass es einen Propheten in Israel gibt.

Hier unterbrechen wir kurz. Nicht nur der König von Israel hätte das gleich wissen sollen, anstatt seiner Verzweiflung Luft zu machen durch eine falsche Unterstellung seinerseits, sondern auch Naeman hatte seine Reise aufgrund der Mitteilung des kleinen Mädchens gestartet; und sie hatte nur von einem Propheten gesprochen. Jetzt weiß er schon: Das Empfehlungsschreiben nützte nichts. Es ist nicht der König, und selbst für ein noch so großes Vermögen kann man ein Wunder nicht kaufen. Wir lesen weiter:

> Vers 9-10: Also kam Naeman mit Ross und Wagen und hielt vor der Türe des Hauses Elisas.
> Da sandte Elisa einen Boten zu ihm und ließ ihm sagen: Geh und bade dich siebenmal im Jordan, so wird dein Leib wieder rein werden.

Nach dem Naeman von der Höhe seines Ruhmes eine Enttäuschung und Demütigung nach der andern erlebt hatte – der israelische König verdächtigte ihn, einen neuen Krieg anzufangen, seine Geschenke zählten überhaupt nichts, der Prophet kam nicht einmal vor die Tür zu ihm hinaus. Aber Elisa wusste genau, was er tat. Naeman wusste ja nichts von dem lebendigen Gott, der allein dieses Wunder für ihn vollbringen konnte. Elisa diente ihm zwar als Vermittler dieser Kraft, aber er durfte weder Dank noch Verehrung auf sich selbst lenken. So gab er dem unglücklichen Mann lediglich eine Gehorsamkeitsübung. Und wir können sicher gut nachvollziehen, dass dies für Naeman jetzt zu viel war:

> Vers 11-12: Naeman aber wurde zornig, ging hinweg und sprach: Da hatte ich nun gedacht, er würde auf jeden Fall zu mir herauskommen und herzutreten, den Namen des Herrn, seines Gottes, anrufen und seine Hand über die kranke Stelle schwingen und so den Aussatz hinweg

nehmen. Sind nicht der Abana und der Parpar, die Flüsse von Damaskus, besser als alle Wasser in Israel? Kann ich nicht in diesen baden, um rein zu werden? Und er wandte sich und ging im Zorn hinweg.

Geradezu rührend ist die eigene Vorstellung, die sich Naeman von dem möglichen Vorgang einer Heilung macht. Sozusagen eine Schau, eine magische Vorstellung des Heilers. Durchaus respektvoll denkt der daran, dass der Prophet *seinen Gott* dabei anrufen würde. Aber noch ist er ein Heide und Anbeter Rimmons. Die Distanz zu *dem lebendigen Gott*, von dem allein das Wunder vollbracht werden kann, ist noch sehr groß. Dann fragt er, ob er sich nicht in den Flüssen seiner Heimat baden könnte, um rein zu werden. Nein, natürlich nicht. Eine Lepra lässt sich nicht einfach abwaschen. Es geht ja hier auch um eine Gehorsamsübung gegenüber Gott, und das hat er noch nicht verstanden. Zählen wir uns noch einmal seine bisherigen falschen Vorstellungen über eine Geistheilung auf, und bedenken wir dabei, dass diese Geschichte ja auch für uns geschrieben wurde, und für alle, die nach uns noch die Bibel studieren würden:
Es war nicht das Empfehlungsschreiben des syrischen Königs, nicht der israelische König, nicht das Geld, nicht der Prophet in Israel, nicht die magische Schau, nicht das Wasser. Sechs falsche Vorstellungen hat er bisher schon überwunden. Und doch war er nun bereit aufzugeben und den langen Weg zurück anzutreten, um endgültig ein Leben im Elend und Kummer zu verbringen.

Jetzt bekommt er jedoch noch einmal eine Hilfe, und zwar von einer Seite, von der er sie kaum je erwartet hätte. Denn schließlich war er vor Kurzem noch ein General nach siegreicher Schlacht. Die Hilfe kam von seinen Knechten. Und wie wir gleich sehen werden, waren diese durchaus kluge Leute, sogar richtig gute Psychologen:

> Vers 13-14: Da traten seine Diener zu ihm, redeten ihm zu und sprachen: Wenn dir der Prophet etwas Schweres befohlen hätte, würdest du es nicht? Wie viel mehr, da er dir nur gesagt hat:
> Bade dich, so wirst du rein? Nun ging er hinab und tauchte

siebenmal im Jordan unter. Da wurde sein Leib wieder rein wie der Leib eines kleinen Kindes.

Das wäre die siebente falsche Vorstellung gewesen: die eigene Leistung. Die Diener hatten das klar erkannt. Hätte Elisa ihn auf den Knien ein Berg hinaufrutschen lassen und dabei bestimmte Gebete sprechen, oder etwas Ähnliches – er hätte es wirklich getan. Aber hier ging es nicht darum, sich durch Leistung etwas zu verdienen, sondern um ein einzigartiges Geschenk des lebendigen Gottes anzunehmen: die Heilung von der Lepra. Und Naeman tut es nun wirklich, er folgt dem Gebot Elisas, und er wird nicht nur geheilt, sondern bekommt die Haut eines kleinen Kindes.

Die Heilung, zu der Naeman aus Syrien ausgezogen war, ist hiermit vollendet. Und sehr oft, wenn diese Geschichte gelesen wird, endet sie hier. Aber eigentlich fängt sie jetzt erst richtig an! Denn nun erleben wir noch etwas ganz anderes. Es ist auch eine der Geschichten in der Bibel, die allein ein ganzes Kapitel ausfüllen. Also lesen wir weiter:

> Vers 15-17: Hierauf kehrte er zu dem Gottesmann zurück, er und sein ganzes Gefolge. Und als er hinkam, trat er vor ihn und sprach: Sieh, jetzt weiß ich, dass es keinen Gott gibt auf der ganzen Welt als in Israel. Und nun nimm doch ein Geschenk an von deinem Knechte. Er aber sprach, so wahr der Herr lebt, in dessen Dienst ich stehe; ich nehme nichts. Und er drang in ihn, es zu nehmen, aber er wollte nicht. Da sagte Naeman: Wenn also nicht, so möge man doch deinem Knechte eine Last Erde geben, soviel zwei Maultiere tragen können. Denn dein Knecht will nicht mehr andern Göttern Brandopfer und Schlachtopfer darbringen, sondern nur dem Herrn.

Was für Verse! Naeman hat nicht nur die Heilung von der Lepra erhalten, sondern etwas viel Kostbareres obendrauf: eine unmittelbare *Gotteserkenntnis*. Und er sagt auch ganz richtig: Es gibt keinen Gott wie diesen *auf der ganzen Welt*, als nur den Gott, der bis jetzt eben nur in Israel bekannt ist. Aber die Größe Gottes ist ihm bereits klar. Und jetzt zeigt sich der Prophet Elisa vor ihm auch persönlich. Nachdem er nun Naemans mitgebrachtes Vermögen ablehnte, bittet Naemann um Erde für einen Altar für eben diesen Gott, den er jetzt *den Herrn* nennt. Es ist ja noch nicht so lange her, als er erwartete, der Prophet würde den Namen *seines Gottes* anrufen und dabei die Hand über die kranke Stelle schwingen. Er ist also einen weiten Weg bisher gegangen, den auch mancher Gläubige in unseren Tagen immer noch gehen muss, um eine solche Erfahrung zu machen.

Die Geschichte ist aber noch lange nicht zu Ende. Naeman richtet jetzt an Elisa eine Bitte, die in der ganzen Bibel an keiner anderen Stelle genehmigt werden würde:

> Vers 18-19: Doch darin wolle der Herr deinem Knecht verzeihen: wenn mein König in den Tempel Rimmons geht, um dort anzubeten, und sich dabei auf meinen Arm stützt und auch ich dann im Tempel Rimmons niederfalle, so möge der Herr doch deinem Knechte in dieser Sache verzeihen! Er sprach zu ihm: Zieh hin in Frieden!

Was für eine zartfühlende Bitte! Naeman hätte ja nun zum zweiten Mal als Sieger nach Syrien zurückkehren und mit seiner Heilung angeben können, so wie zuvor über den gewonnenen Krieg. Er hätte sogar die Rimmonstatuen umwerfen können und als großer Prediger auftreten. Aber das wollte er nicht. Er gab ja ein Zeugnis mit seiner offensichtlichen Heilung, übte aber darüber hinaus keinen Druck auf seinen Freund, den König aus. Er hatte nicht nur die Haut eines Kindes bekommen, sondern auch eine kindliche Demut und Bescheidenheit. Und Elisa ließ ihn in Frieden ziehen, ohne jede Regel und Vorschrift über das Heilungsgeschenk hinaus. Schließlich wollte Naeman ja auch einen Altar für den Gott errichten, dem er das Wunder verdankte. Aber die Geschichte geht noch weiter. Wir kommen jetzt zu einer ganz anderen Gestalt, dem Diener Elisas mit Namen *Gehasi*. Nach den hohen Erkenntnissen erleben wir nun einen noch sehr unreifen Menschen, obwohl der bereits im persönlichen Dienst des großen Propheten stand.

> Vers 19-23: Als er eine Strecke weit von ihm hinweg gezogen war, dachte Gehasi, der Diener des Gottesmannes Elisa: Da hat nun mein Herr diesen Syrer Naeman geschont und nichts von ihm angenommen, was er mitgebracht hat; so wahr der

> Herr lebt, ich laufe ihm nach und hole mir etwas von ihm. So rannte Gehasi dem Naeman nach. Als Naeman sah, dass einer hinter ihm herlief, sprang er vom Wagen, ging ihm entgegen und sprach: Es steht doch wohl? Er antwortete: Alles wohl! Mein Herr sendet mich nur, um dir zu sagen: Sieh, eben sind zwei der Prophetenjünger vom Gebirge Ephraim gekommen. Gib mir doch für sie ein Talent Silber und zwei Festkleider. Naeman sprach: Bitte nimm doch zwei Talente! Und er drang in ihn und band zwei Talente Silber in zwei Beutel, tat zwei Festkleider dazu und gab sie zwei Dienern, die trugen sie vor ihm her.

Betrachten wir zuerst mal die vollkommene Verwandlung Naemans. Der General, der dieses Land Israel mit seinen Armeen überfallen und besiegt hatte, der sicherlich dabei auch Dörfer niedergebrannt und Menschen im Kampf getötet hatte, und vermutlich auch Kriegsbeute gemacht und Sklaven geraubt – derselbe Mann springt jetzt von seinem Wagen und läuft einem Mann entgegen mit der teilnehmenden Frage: Es steht doch wohl? Er wurde als ein einzelner Mensch geheilt – und einen einzelnen Menschen behandelte er jetzt wie einen Freund. Den Schwindel Gehasis mit den beiden Jüngern kaufte er sofort ab. Er kennt kein Misstrauen, obwohl Elisa doch mehrfach abgelehnt hatte, etwas anzunehmen. Offenbar hatte er nun auch die Seele eines kleinen Kindes, vertrauensvoll und naiv. Ein neuer Körper, ein neuer Charakter, eine gereinigte Seele. Das war wohl die Lepra wert gewesen.

Gehasi aber kommt nicht ohne eine harte Belehrung davon für seinen Betrug:

> Und als er an den Hügel kam, nahm er sie ihnen ab (die Silberbeutel und die Festkleider), verwahrte sie im Hause und ließ die Männer ihres Weges ziehen. Kaum war er hereingekommen und vor seinen Herrn getreten, so sprach Elisa zu ihm: Woher, Gehasi? Er antwortete: Dein Knecht ist nirgendwo hingegangen. Er aber sprach zu ihm: Bin ich nicht im Geiste mit dir gegangen, als einer von seinem Wagen stieg und dir entgegen kam? Nun wohl, du hast das Silber bekommen und magst dir Kleider, Ölbäume, Wein-

berge, Schafe, Rinder, Sklaven und Sklavinnen anschaffen, aber der Aussatz Naemans wird dir und deinen Nachkommen immerdar anhaften. Da ging er von ihm hin aus, weiß vom Aussatz wie Schnee.

Wenn man die Aufzählung liest, was sich Gehasi von dem ergaunerten Vermögen nun alles kaufen kann, wird der Wert erst richtig deutlich. Und erkennbar ist auch Gehasis Stufe zu der Zeit. Er glaubt im Ernst, dass der Prophet, der als Diener Gottes eine solche Heilung mit bewirken durfte, seine Lügen nicht erkennen würde. Was nun den Aussatz betrifft, so müssen wir das hier symbolisch erklären: In späteren Gehasi-Geschichten erkennen wir, dass auch er nicht mehr physisch krank war, obwohl dies am Anfang der Fall gewesen sein mag. Aber der »Aussatz«, der seinen Nachkommen anhaften würde, wäre symbolisch gesehen der Eigennutz und Geiz, mit dem er seinen Besitz ergaunert und dann für sich im Haus weggeschlossen hat. Schauen wir uns mal die Superreichen in unseren Tagen an. Sie besitzen Milliarden, wohnen auf eigenen Inseln und haben viele Leibwächter, weil sie stets fürchten, umgebracht zu werden um ihres Erbes wegen. Sie machen sich »aussätzig« im wörtlichen Sinne. Sie sperren sich von der Gesellschaft und von echter Menschlichkeit aus, um des Besitzes willen, den sie anderen voraushaben wollen.

Diese ganze Geschichte von der Heilung Naemans, das fünfte Kapitel im zweiten Buch der Könige in der Bibel, ist hiermit zu Ende. Sie ist jedoch so wichtig, dass sogar Jesus darauf Bezug nimmt, als er in Kapernaum lehrt:

Lukas 4, Vers 27: Und viele Aussätzige waren in Israel zur Zeit des Propheten Elisa, und keiner von ihnen wurde rein, sondern nur der Syrer Naeman.

Jesus erkannte die Bedeutung dieser Geschichte. Er selbst hat mit seinen Heilungen verschiedene Möglichkeiten gezeigt, von denen wir uns einige ganz kurz zum Vergleich anschauen sollten.

Zwischen Auferstehung und Himmelfahrt
Die Tage der Transformation

Die eigentliche Stunde, in der Jesus aus seinem Grab ins Leben zurückkehrte, ist geheimnisvoll verborgen. Wir erfahren, dass die Tücher, in die er eingewickelt war, ordentlich zusammengelegt auf der Seite lagen. Dass Gestalten in strahlend weißen Gewändern daneben saßen und den Frauen erklärten, dass er nicht mehr da sei, sondern auferstanden wäre. Also waren nur auserwählte Engel die Zeugen dieses Ereignisses, welches die Welt erschüttern sollte:

> Matthäus 28, 1-7: Nach dem Sabbat aber, als es zum ersten Tag der Woche aufleuchtete, kamen Maria aus Magdala und die andere Maria, um das Grab zu besehen. Und siehe, es geschah ein großes Erdbeben; denn ein Engel des Herrn kam aus dem Himmel herab, trat hinzu, wälzte den Stein weg und setzte sich darauf. Sein Aussehen aber war wie der Blitz und sein Kleid weiß wie der Schnee. Aus Furcht vor ihm aber erbebten die Wächter und wurden wie tot. Der Engel jedoch begann und sprach zu den Frauen: Ihr sollt euch nicht fürchten; denn ich weiß, dass Ihr Jesus, den Gekreuzigten, sucht. Er ist nicht hier; denn er ist auferweckt worden, wie er gesagt hat. Kommet her, sehet den Ort, wo er gelegen hat; und gehet eilends hin uns saget seinen Jüngern, dass er von den Toten auferweckt worden ist! Und siehe, er geht euch voran nach Galiläa; dort werdet Ihr ihn sehen. Siehe, ich habe es euch gesagt.

> Markus 16, 5-6: Und sie gingen in die Gruft hinein und sahen einen Jüngling zur Rechten sitzen, bekleidet mit einem langen weißen Gewand; und sie erschraken. Er aber sagte zu Ihnen: Erschrecket nicht! Ihr sucht Jesus von Nazareth, den Gekreuzigten; er ist auferweckt worden, er ist nicht hier!

Lukas 24, 2-6: Da fanden sie den Stein von der Gruft weggewälzt. Als sie aber hineingingen, fanden sie den Leib des Herrn Jesus nicht. Und es begab sich, während sie darüber ratlos waren, sie, da traten zwei Männer in blitzendem Gewand zu ihnen. Als sie aber in Furcht gerieten und das Angesicht zur Erde neigten, sprachen sie zu ihnen: Was sucht ihr den Lebendigen bei den Toten? Er ist nicht hier, sondern er ist auferweckt worden.

Johannes 20, 11-17: Maria aber stand außen bei der Gruft und weinte. Wie sie nun weinte, beugte sie sich in die Gruft hinein; da sieht sie zwei Engel in weißen Kleidern dasitzen, den einen beim Haupte und den andern bei den Füßen, da wo der Leib Jesu gelegen hatte. Und die sagen zu ihr: Weib, warum weinst du? Sie sagte zu ihnen: Sie haben meinen Herrn hinweg genommen, und ich weiß nicht, wo sie ihn hingelegt haben. Als sie dies gesagt hatte, wandte sie sich um. Und sie sah Jesus dastehen und wusste nicht, dass es Jesus war. Jesus sagt zu ihr: Weib, was weinst du? Wen suchst du? Jene, in der Meinung, es sei der Gärtner, sagte zu ihm: Herr, hast du ihn weggetragen, so sage mir, wo du ihn hingelegt hast, und ich will ihn holen. Jesus sagt zu ihr: Maria! Da wendet sich diese um und sagt zu ihm auf hebräisch: Rabbuni! (das heißt: Meister).

Jesus sagt zu ihr: Rühre mich nicht an, denn ich bin noch nicht zum Vater aufgefahren. Geh aber zu meinen Brüdern und sage ihnen: Ich fahre zu meinem Vater und eurem Vater und zu meinem Gott und eurem Gott. Maria aus Magdala geht und verkündigt den Jüngern, dass sie den Herrn gesehen und dass er dies zu ihr gesagt habe.

Wir haben hier nun den ersten Besuch an dem leeren Grab Jesu in allen vier Evangelien. Auffallend unterschiedlich sind die Engel geschildert. Ebenso die Zahl der Frauen, die das Grab besuchen. Bei den ersten drei Evangelien sind es zwei bis drei Frauen, und sie werden von den Engeln zu den Jüngern geschickt, um zu verkünden, Jesus sei auferstanden.

Erst im Johannes-Evangelium haben wir eine Szene mit Maria Magdalena allein am Grab und der ersten direkten Begegnung mit Jesus, wo sie ihn allerdings nicht erkennt. Sie hält ihn für den Gärtner. Erst als er sie bei ihrem Namen anruft, erkennt sie ihn und nennt ihn Rabbuni (Meister). Was könnte sie sich mehr gewünscht haben in diesem Augenblick, als ihn in die Arme zu schließen und zu begrüßen als einen Menschen, der tot war, aber ins Leben zurückgekehrt ist. So wie Jesus kurz vor seiner Kreuzigung den Lazarus aus dem Grab herausgeholt hat und ihn seinen Schwestern wiedergab. Das war, wenn man so sagen will: eine Wiederbelebung, eine Rückkehr in sein altes Leben, welches er nun normal weiterführen konnte, um dann irgendwann – als alter Mann – erneut zu sterben. Hier bei Jesus aber handelte es sich nicht um eine Wiederbelebung, wie wir sie heute auch gelegentlich mit Herzmassagen erreichen können, sondern eine Auferstehung zu einem himmlischen Wesen; das ist etwas ganz anderes. Deshalb musste Jesus hier auch die Berührung vermeiden. Er wies darauf hin, dass er noch nicht zu seinem Vater aufgefahren war. Sagen wir es anders: Seine Transformation von seinem gekreuzigten physischen Körper in den unsterblichen himmlischen Körper (nach der *Ordnung Melchisedeks, Hebräerbrief Kapitel 7, Vers 3*) war noch nicht abgeschlossen.

Einige Zeit später gab er sich den Jüngern zu erkennen; aber eine Berührung (bei Johannes) erlaubte er erst eine Woche später, als Thomas dazukommt und die Berührung seiner Wundenmale von ihm regelrecht forderte. Bei den Jüngern gab es zuvor unterschiedliche erste Begegnungen, wo sie ganz allgemein Probleme hatten, ihn zu erkennen. Diese schauen wir uns jetzt näher an:

> Matthäus 28, 8: Und sie gingen eilends von der Gruft hinweg mit Furcht und großer Freude und liefen, um es seinen Jüngern zu verkündigen. Und siehe, Jesus kam ihnen entgegen und sprach: Seid gegrüßt! Sie aber traten hinzu, ergriffen seine Füße und warfen sich vor ihm nieder. Da sagt Jesus zu ihnen: Fürchtet euch nicht; gehet hin, verkündiget meinen Brüdern, dass sie nach Galiläa gehen sollen, und dort werden sie mich sehen.

Hier haben wir doch noch eine Berührung – an den Füßen, aber das ist eine Geste der Ehrerbietung.

Dann folgt die seltsame Geschichte, wo die Hohenpriester den Soldaten Geld geben, um zu erzählen, der Leichnam sei gestohlen worden. Aber wie wir heute nach 2000 Jahren wissen, hat dieser Versuch der Verdrängung der Auferstehung von Jesus zum Glück für uns nicht geholfen, nur bei den wenigen in jener Zeit, die es nicht glauben wollten. Es geht dann gleich weiter (bei Matthäus) mit der Himmelfahrt:

> Matthäus 28, 18-20: Die elf Jünger aber gingen nach Galiläa auf den Berg, wohin sie Jesus beschieden hatte. Und als sie ihn sahen, warfen sie sich vor ihm nieder; einige jedoch zweifelten.
>
> Und Jesus trat hinzu, redete mit ihnen und sprach: Mir ist gegeben alle Gewalt im Himmel und auf Erden: Darum gehet hin und machet alle Völker zu Jüngern und taufet sie im Namen des Vaters und des Sohnes und des heiligen Geistes, und lehret sie alles halten, was ich euch befohlen habe. Und siehe, ich bin bei euch alle Tage bis an der Welt Ende. (Luthertext).

Diese herrliche Abschiedsrede von Jesus gehört sicher zu den bedeutendsten Stellen der Bibel und des Neuen Testaments. Denn hier öffnet Jesus das Tor zur Welt *für alle Völker*, über den Jüngerkreis, die Urgemeinde in Jerusalem und das Volk Israel weit hinaus: Hier – in diesem Augenblick – beginnt sein Wirken als der *Christus* für alle Menschen dieser Erde. Zu beachten ist noch, dass einige Jünger noch zweifelten (nicht nur Thomas allein).

> Markus 16, Vers 12: Darnach aber offenbarte er sich in anderer Gestalt zweien von ihnen unterwegs, als sie aufs Land gingen.

Er begegnet zwei Jüngern, die unterwegs waren und das Zeugnis von Maria Magdalena schon gehört, aber nicht geglaubt hatten. Jesus offenbart sich ihnen *in anderer Gestalt!* Ein sonderbarer Hinweis. Die Transformation vom seinem vorherigen physischen Körper war bereits so weit fortgeschritten, dass er seine Gestalt selbst wählen konnte. Später offenbart er sich dann den übrigen Jüngern bei Tisch, gibt ihnen den Missionsbefehl und verweist auf ihre künftigen Geistesgaben.

> Lukas 24, 13-16: Und siehe, zwei von ihnen wanderten an eben dem Tage nach einem Dorf, das von Jerusalem 60 Stadien entfernt ist; namens Emmaus: und sie redeten miteinander über alle diese Ereignisse. Und es begab sich, während sie miteinander redeten und sich besprachen, da nahte sich Jesus selbst und ging mit ihnen. Ihre Augen jedoch wurden gehalten, damit sie ihn nicht erkannten.
> Weiter 24, 25: Und er sprach zu ihnen: O Ihr, die ihr unverständig und zu trägen Herzens seid, um zu glauben an alles, was die Propheten geredet haben! Musste nicht der Christus dies leiden und dann in seine Herrlichkeit eingehen?
> Weiter 24, 30-31: Und es begab sich, als er mit ihnen zu Tische saß, nahm er das Brot, sprach das Dankgebet darüber, brach es und gab es ihnen. Da wurden ihnen die Augen aufgetan und sie erkannten ihn; und er entschwand ihren Blicken. Und sie sagten zueinander: Brannte nicht unser Herz in uns, wie er auf dem Wege mit uns redete, wie er uns die Schriften erschloss?

In der anderen Gestalt erkennen sie ihn nicht. Aber daran, wie er das Brot bricht und wie er die Schriften auslegte. So ist es wohl heute noch bei uns. Deshalb sind diese Erkennungsschritte wichtig.

Nun fehlt noch das Johannes-Evangelium, um auch diese Pyramide zu vervollständigen:

> Johannes 20, 24-29: Thomas aber, einer von den Zwölfen, der auch Didymus genannt wird, war nicht bei ihnen, als Jesus kam. Die andern Jünger sagten ihm nun, wir haben den Herrn gesehen.
> Er aber sagte zu ihnen: wenn ich nicht an seinen Händen das Mal der Nägel sehe, und lege meinen Finger in das Mal der Seite, werde ich es nicht glauben. Und nach acht Tagen waren seine Jünger wiederum drinnen und Thomas mit

ihnen. Jesus kam, als die Türen verschlossen waren, trat in die Mitte und sprach: Friede sei mit euch! Dann sagte er zu Thomas: Reiche deinen Finger hierher und siehe meine Hände, und reiche deine Hand her und lege sie mir in die Seite, und sei nicht ungläubig, sondern gläubig. Thomas antwortete und sprach zu ihm: Mein Herr und mein Gott! Jesus sagt zu ihm: Weil du mich gesehen hast, so glaubst du. Selig sind, die nicht sehen und doch glauben! (Luthertext!)

Wir haben hier die berühmte Thomasgeschichte. Unbeachtet dessen, dass Jesus, der sich zuvor nicht ohne weiteres zu erkennen gab, hier den ganz genauen Wunsch des Thomas erfüllt und die Wundenmale des gekreuzigten Körpers zeigt. Diese Geschichte hat sich durch die Jahrhunderte nachher fortgepflanzt mit immer neuen stigmatisierten Personen. Diese ganz besondere Nachhilfe zum Glauben hat sich mehrfach wiederholt, bei Männern und Frauen. Zuletzt bei Therese von Konnersreuth in Österreich Mitte des 20. Jahrhunderts. Jesus hatte seine Transformation in den himmlischen Körper bereits vollendet. So konnte er sich auch bereitwillig berühren lassen, nicht ohne für uns diesen wichtigen Hinweis zu geben, dass selig ist, wer glaubt ohne solche Beweise.

Da ist noch ein wichtiger Hinweis auf die Transformation: In *Joh. 20,19* und *Luk. 24,36-39* tritt er bei geschlossenen Türen in ihre Mitte. Und sie glauben, einen Geist zu sehen, was ja nun schon teilweise stimmte. *Luk. 24, 31* entschwindet er dann auf gleiche Weise vor ihren Augen.

Nun komme ich noch zu besonderen Abschiedsworten von Jesus, die wir genauer betrachten sollten:

Johannes 16, 5: Jetzt aber gehe ich hin zu dem, der mich gesandt hat, und keiner von euch fragt mich: Wohin gehst du?

Nach dieser beinahe tragischen Frage gibt er die Antwort selbst:

Johannes 16, 28: Ich bin vom Vater ausgegangen und in die Welt gekommen; hinwiederum verlasse ich die Welt, und gehe zum Vater.

Schon früher hatte er darauf hingewiesen:

> Johannes 8, 23: Und er sprach zu ihnen: Ihr seid von unter her, ich bin von oben her. Ihr seid aus dieser Welt, ich bin nicht aus dieser Welt.

Wahrscheinlich Jahre später sagt dieser Johannes, nun schon ein erfahrener Apostel, wie entscheidend es für die Nachfolger späterer Zeiten ist, dass sie an *Jesus als den Christus glauben,* der im Fleisch auf die Erde gekommen ist, und nach seiner Kreuzigung auferstand. Er erkennt, dass der ganze Gottesplan mit der Menschheit durch Jesus mit diesem Glauben steht und fällt. Hören wir seine Warnung in seinem zweiten Brief:

> 2. Johannesbrief, Vers 7-8: Denn viele sind in die Welt ausgegangen, die Jesus Christus nicht als den bekennen, der im Fleisch kommt. Dies ist der Irrlehrer und der Widerchrist. Achtet auf euch selbst, damit ihr nicht verliert, was wir erarbeitet haben, sondern den vollen Lohn empfangt.

Diese Berichte der Auferstehung von Jesus und seiner geheimnisvollen Transformation in ein unsterbliches Wesen, welches jederzeit körperlich in Erscheinung treten kann, jedoch ohne eine Geburt – (hierauf verweist die *Ordnung Melchisedeks, Hebräerbrief, Kapitel 7, Vers 3!)* ist auch eine Glaubensprüfung für uns. Immer wieder versuchen Gegenkräfte diesen Glauben zu zerstören.

Sie erfinden Geschichten von einer Wiederbelebung von Jesus nach der Kreuzigung, wo er nach Indien auswanderte und dort viele Kinder zeugte, die vermutlich alle Gurus wurden. Und manche andere Geschichte. Johannes hat dies klar vorausgesehen.

Wir aber wollen begreifen, dass eine *Auferstehung keine Rückkehr in das vorherige Leben bedeutet,* so wie es bei der Totenerweckung des Lazarus war, der irgendwann in seinem neuen Leben wieder sterben musste.

Wer in diesem Glauben bleibt, für den haben wir zum Abschluss unserer heutigen Arbeit ein neues Schlüsselwort, welches wir auswendig lernen sollten.

Es ist ein kurzes und endgültiges Glaubensbekenntnis zu unserer Religion:

Matthäus 23, 9: Nennet auch niemand auf Erden euren (geistlichen) Vater, denn e i n e r ist euer Vater, der Himmlische; auch sollt ihr euch nicht Lehrer nennen lassen, denn e i n e r ist euer Lehrer, Christus.

Damit können wir die Betrachtung der Transformation und der unterschiedlichen Erkennungen abschließen. Da aber noch zum Schluss in allen vier Evangelien und am Anfang der Apostelgeschichte der Hinweis auf die Geisttaufe kommt, die in Kürze erfolgen sollte, müssen wir das nach den Geschichten der Erkennung des Auferstandenen gesondert behandeln.

Die Entstehung des Glaubens

Niemand kann etwas glauben, wovon er nie gehört hat. Gehen wir zunächst vom *Glauben an Gott* aus, so genügt ein Spaziergang in der Natur, sogar unser eigener Körper, um das Wirken der höchsten Intelligenz im Kosmos zu sehen. Und jeder Mensch ist fähig, sich Gedanken zu machen. In diesem Zusammenhang drückt das Paulus so aus:

> Römer 1, 19-20: ... weil das, was man von Gott erkennen kann, unter ihnen offenbar ist; denn Gott hat es ihnen offenbart. Sein unsichtbares Wesen, das ist seine ewige Kraft und Gottheit, ist ja seit Erschaffung der Welt, wenn man es in den Werken betrachtet, deutlich zu ersehen, damit sie keine Entschuldigung haben.

Dennoch ist es nicht jedem Menschen möglich, an Gott zu glauben. Er wird jedoch von Gott nach seinem Glauben beurteilt.

> Hierzu Hebräer 4, 2: ... aber das Wort der Predigt half jenen nicht, weil es bei den Hörern nicht mit dem Glauben vereinigt war. Hebräer 11,6: Ohne Glauben aber ist es unmöglich IHM wohlzugefallen; denn wer sich Gott nahen will, muss glauben, dass ER ist.

Wenn also alle Wunder der Schöpfung bei manchen Menschen nicht ausreichen, um Gottes Wirken zu erkennen, und die Predigt von Gläubigen auch nichts nützt, haben sie von ihrem Privileg, ein geistbewusster Mensch zu sein, eben noch keinen Gebrauch gemacht. Denn *es ist möglich*, durch die Wunder der Schöpfung *Gott zu erkennen*.

Jesus drückt es aus in seinem Beispiel von der Saat des Wortes in der Bergpredigt, wo ein Teil auf die Steine, ein Teil unter die Dornen und ein Teil auf guten Boden fällt. *Lukas, Kapitel 8, Vers 4 – 15.*

Wie wir aus dem Buch *Hiob (34, 29-30)* wissen, bekommt jeder Mensch *zwei bis drei Anrührungen,* die ihn zur Erkenntnis Gottes bringen könnten. Natürlich kann er auch die verpassen, indem er nach kurzem Aufhorchen wieder in seine alte Gleichgültigkeit zurückfällt. Diese Anrührungen können Schicksalsschläge sein, Heilungen oder Lebensrettungen in gefährlichen Situationen, und ebenso Predigten, Schriften, Zeugnisse von anderen Menschen, die eine solche Anrührung erfahren haben. Die Bibel ist voller Geschichten solcher Anrührungen. Ich greife nur drei Beispiele heraus:

> Die Heilung des Syrers Naemann, 2. Könige, im Vers 15:
> ... Sieh, jetzt weiß ich, dass es keinen Gott gibt auf der ganzen Welt als in Israel ...

Nachdem er an Lepra erkrankt war und viele Irrtümer über die Möglichkeit einer Geistheilung überwinden musste, war er endlich gehorsam und befolgte die einfache Anweisung Elisas, sich sieben Mal im Jordan unterzutauchen. Seiner spontanen Heilung folgte eine unmittelbare Gotteserkenntnis.

Leider ist auch bei einer so dramatischen Anrührung der Glaube kein selbstverständliches Resultat. Sonst würde Gott wohl jeden Menschen leicht zum Glauben zwingen können. Aber der kleine eigene Schritt auf Gott zu ist die Voraussetzung für den Anfang der großen Wanderschaft, auf der jeder Mensch zunehmend mit Gotteserfahrungen belohnt wird.

Jesus wusste, dass keine Anrührung eine Garantie dafür wäre, dass ein Mensch Gott erkennen würde. Er selbst hatte Aussätzige geheilt, und nur einer von zehn kam zurück, um sich zu bedanken. Deshalb beruft er sich auf die Naeman-Geschichte und sagt:

> Lukas 4, 27: Und viele Aussätzige waren in Israel zur Zeit des Propheten Elisas; und keiner von ihnen wurde rein, sondern nur der Syrer Naemann.

Bis hierher haben Menschen zwar keine Entschuldigung, wenn sie blind durch die Schöpfung laufen und das Wirken Gottes einfach nicht erkennen wollen; und selbst ihre zwei oder drei spirituellen Anrührungen im Leben durch Gleichgültigkeit verschlafen. Es bleibt jedoch noch eine letzte Möglichkeit, die dann wirklich unausweichlich zum Glauben führt: nämlich eine unmittelbare *göttliche Offenbarung*. Diese stellt eine Ausnahme im großen Plan Gottes mit der Menschheit dar, da im Allgemeinen jedem

Menschen die Freiheit erhalten bleibt, sich selbst zu entscheiden, wann er von sich aus aufwachen will. Hierzu gibt es einen sehr hübschen Vers im *Hohen Lied Salomos*:

> Hoheslied, 3,5: Ich beschwöre euch, Ihr Töchter Jerusalems, bei den Gazellen oder Hinden des Feldes; stört nicht auf, weckt die Liebe nicht, bis es ihr gefällt.

Hier geht es um das *Aufwecken einer Liebe*, und genau darum geht es bei dem *Erwachen zum Glauben an Gott* auch. Und jeder weiß, dass man Liebe nicht erzwingen kann und es auch nicht versuchen sollte. Wenn wir nun also zu der unausweichlichen Erweckung durch direkte Offenbarung kommen, hat Gott dafür einen besonderen Grund. Dann geht es um viel mehr als nur um den Einzelnen, der sie empfängt.

Hiob in seiner schweren Leidenszeit war bereits gläubig, geriet jedoch in den Konflikt der Zweifel. Er schmachtete nach Erklärungen und einer Offenbarung. Er bekam sie jedoch erst, als er den endgültigen Glaubensschritt auf Gott zu getan hatte.

> Hiob 42, 2: Ich habe erkannt, dass du alles vermagst; nichts, was du sinnst, ist dir verwehrt.

Wie wir weiter lesen können, wurde Hiob nach diesem Bekenntnis wieder völlig gesund und reich belohnt für seine Standhaftigkeit. Seine Offenbarung erhielt er durch eine Rede von Gott selbst an ihn.

Nun kommen wir zu *Offenbarungen über Gott und den kommenden Christus*, der im Alten Testament *Messias* genannt wird. Zunächst durch die der Propheten. Beispiele:

> Jesaja 40, 31: … die auf den Herrn harren, empfangen immer neue Kraft, dass ihnen Schwingen wachsen wie Adlern, dass sie laufen und nicht ermatten, dass sie wandeln und nicht müde werden.

> Jesaja 41,13: … denn ich, der Herr, bin dein Gott, der deine rechte fasst, der zu dir spricht: Fürchte dich nicht, ich helfe dir.

Jesaja 43,10-11: ... vor mir ist kein Gott gewesen, und nach mir wird keiner sein.

Jesaja 9,6: Denn ein Kind ist uns geboren, ein Sohn ist uns gegeben, und die Herrschaft kommt auf seine Schulter, und er wird genannt: Wunderrat, starker Gott, Ewigvater, Friedefürst.

Nachdem diese Prophezeiung Jesajas, rund 750 Jahre vor Christi Geburt, endlich erfüllt war, kam es darauf an, wer ihn *als Christus erkennen* würde. In einem Volk, welches seit rund 2000 Jahren von Gott erzogen wurde, sollte es eigentlich genügend Gläubige geben, denen dieses Erkennen möglich war. Die Erwartung auf das Kommen des Messias war groß und wurde regelmäßig erneuert und rituell gepflegt. Aber Rituale verstellen auch manchmal die Sicht auf die Realität. Sie können zum Selbstzweck kirchlicher Gebräuche werden, sodass die Menschen darüber das Wesentliche nicht mehr wahrnehmen. Hinzu kam, dass Israel zur Zeit der Geburt Christi unter römischer Fremdherrschaft und militärischen Besatzungstruppen litt. Alle Gerichte wurden von Römern ausgeübt; die römischen Soldaten vollstreckten die Urteile. Das Volk war eingeschüchtert und sehr verzweifelt. Sie erwarteten zwar einen Friedefürst, jedoch sollte der Frieden schlagartig mit seiner Geburt beginnen. Durch diesen Irrtum erkannten sie ihn nicht, bis auf die wenigen Personen, denen eben eine Offenbarung Gottes zuteil wurde.

Hierzu sagte Paulus, der die Lage sehr wohl erkannte:

2. Korinther 3,14: Aber ihre Gedanken wurden verstockt. Denn bis zum heutigen Tage bleibt dieselbe Decke auf der Vorlesung des Alten Testaments, und sie wird nicht aufgedeckt, weil sie nur in Christus abgetan wird; sondern bis heute liegt, so oft Mose vorgelesen wird, eine Decke auf ihrem Herzen; sobald es sich jedoch zum Herrn bekehrt, wird die Decke weggenommen. Der Herr aber ist Geist; wo aber der Geist des Herrn ist, da ist Freiheit.

Nun sind wir also im Neuen Testament, und da ist es schon interessant zu untersuchen, wer Jesus als Christus erkannte, und wodurch.

Das sind zunächst die Heiligen Drei Könige. Sie kennen die Sterne und bemerken eine außerordentliche Konstellation. Dann forschen sie in den Schriften, ob hierfür Prophezeiungen vorliegen. Und sie werden fündig. Bei Micha finden sie sogar den Hinweis auf den Geburtsort Bethlehem. Sie *erkennen* es also, aufgrund von Wissen und Studium. Eine direkte Offenbarung ist es nicht, deshalb müssen sie sich noch nach dem Weg durchfragen.

Dann wird das Kind geboren, und die Hirten auf dem Felde bekommen eine *Offenbarung durch Engel*.

Die Zeichen, die ihnen gegeben werden, sind ziemlich genau. So ist zum Beispiel ein Kind in einer Krippe kein alltäglicher Anblick, sondern eine Ausnahme.

Die erste Person, die Jesus direkt erkennt, ist *der alte Simeon* im Tempel, als das Kind von den Eltern zur Beschneidung gebracht wird. Er hatte schon vorher eine Offenbarung durch den Heiligen Geist empfangen, dass er nicht sterben würde, bevor er den Gesalbten des Herrn gesehen hätte *(Lukas 2,26)*. Als er dann das Kind sieht, nimmt er es auf die Arme und spricht die prophetischen Worte:

> Lukas 2, 29-32: Jetzt lässt du deinen Knecht, o Herr, nach deinem Wort in Frieden dahingehen; denn meine Augen haben dein Heil gesehen, das du im Angesicht aller Völker bereitet hast, ein Licht zur Erleuchtung der Heiden und zur Verherrlichung deines Volkes Israel.

Der Nächste, der Jesus als Christus erkennt, ist *Johannes der Täufer*, der selbst die verheißene *Reinkarnation des Propheten Elia ist (Matthäus 11,13-14)*. Als Jesus zu ihm zur Taufe an den Jordan kommt, bezeugt er:

> Johannes 1, 32: Ich habe den Geist wie eine Taube aus dem Himmel herabschweben sehen, und er blieb auf ihm. Und ich kannte ihn nicht: aber der mich sandte, mit Wasser zu taufen, der sprach zu mir: Auf wen du den Geist herabschweben und auf ihm bleiben siehst, der ist's, der mit heiligem Geist tauft. Und ich habe es gesehen und bezeugt, dass dieser der Sohn Gottes ist.

Nun geht Jesus seine drei Jahre als Weltlehrer im Land herum, lehrt, tut Wunder, heilt Kranke, treibt Dämonen aus und erweckt sogar Tote. Viele sehen und hören ihn. Aber wer erkennt in ihm den *Christus*, und wem offenbart er sich? Er testet zunächst seine Jünger:

> Matthäus 16, 13-17: Als aber Jesus in die Gegend von Cäsarea Philippi gekommen war, fragte er seine Jünger: Für wen halten die Leute den Sohn des Menschen? Da sagten sie: Etliche für Johannes den Täufer, andere für Elia, noch andere für Jeremia oder einen der Propheten. Er sagte zu ihnen: ihr aber, für wen haltet ihr mich? Da antwortete Simon Petrus und sprach: Du bist der Christus, der Sohn des lebendigen Gottes. Jesus aber antwortete und sprach zu ihm: Selig bist du Simon, der Sohn des Jona, denn Fleisch und Blut hat dir das nicht geoffenbart, sondern mein Vater in den Himmeln.

Dieses Kapitel ist gleich mehrfach interessant. Zunächst die Spekulationen des Volkes über Jesus. Sie denken klar in Reinkarnationen aller möglichen Propheten des Alten Testaments. Aber auch der noch lebende Johannes der Täufer kommt ihnen in den Sinn, denn sie hatten weder Zeitungen noch Fotos, nur Erzählungen von anderen Menschen und die Schriften im Tempel, aus denen ihnen vorgelesen wurde. Dann kommt die Antwort von *Petrus*, der als einziger Jünger in ihm *den Christus erkennt*. Jesus bestätigt sofort, dass er hier eine *Offenbarung von Gott* erhielt, denn Informationen reichen hierzu nicht aus.

Dieses Problem geht weiter durch die Zeit. Wir stehen heute vor der gleichen Frage und der gleichen Prüfung unseres Glaubens. Der Versuch, durch Rituale Erkenntnisse zu programmieren, ersetzt nicht die innere Erkenntnis. Jeder Mensch wird für sich selbst und zu seiner Zeit diese Schallmauer durchbrechen müssen.

Kommen wir nun zu dem sehr interessanten Fall, wo sich *Jesus selbst als Christus offenbart*. Und zwar in der Geschichte mit der *Samariterin am Brunnen* im Kapitel 4 des Johannes-Evangeliums. Eine für die Bibel außergewöhnlich lange Geschichte von Vers 1-41. Die Samariter waren ein Nachbarvolk Israels. In heidnischem Glauben beteten sie zu verschiedenen Göttern. Die Israelis durften mit ihnen keine Gemeinschaft pflegen.

Die Samariter waren eine Art Modell für alle Völker, die nicht von dem lebendigen Schöpfergott, den himmlischen Welten, einem Leben nach dem Tode und dem Christus wussten. Jesus hatte schon einmal in einem Gleichnis den barmherzigen Samariter hervorgehoben, der ohne Rücksicht auf eigene Gefahr einem überfallenen und verwundeten Menschen gründliche Hilfe bot. Er zeigte damit klar, dass ihm ein barmherziger Unwissender lieber war als ein Gelehrter, der sich feige verdrückte, ohne zu helfen.

Nun also trifft er die Samariterin am Brunnen, bittet sie um Wasser und erzählt ihr von dem lebendigen Wasser, welches er selbst zu geben hat. Es entspinnt sich ein bizarrer Dialog zwischen höchster geistlicher Belehrung und an die Materie gebundene Missverständnisse der Samariterin. Aber sie gibt nicht auf. Sie folgt in unschuldiger Unwissenheit seinen für sie unverständlichen Vergleichen, die nicht allein für sie, sondern für alle unwissenden Völker gesagt wurden.

Dann erweist sich, dass sie – obwohl Samariterin – gehört hatte, dass die Israeliten auf einen Messias warteten:

> Joh. 4, 25: Die Frau sagt zu ihm: Ich weiß, dass der Messias kommt, der der Christus genannt wird; wenn dieser kommt, wird er uns alles kundmachen. Jesus sagt zu ihr: Ich bin's, der ich mit dir rede.

Mehr als mancher Mensch unserer Tage, Juden eingeschlossen, erwartete diese heidnische Frau von dem kommenden Christus erleuchtende Erklärungen. Sie hatte seine Offenbarung verdient. Diese Geschichte betrifft jeden Menschen, die Wissenden und die Unwissenden gleichermaßen. Jesus sendet sie nun in die Stadt zu ihren Leuten, wo sie das verkünden darf, was sie von ihm gehört hat. So wird sie zur ersten Missionarin im Auftrag des Christus, noch vor den Aposteln und in einem Volk außerhalb Israels. Die Bedeutung dieser Geschichte kann man kaum hoch genug einschätzen.

Nun gibt es zu Lebzeiten von Jesus nur noch einen, der erkennt wer er ist. Es ist die tragischste Form der Erkenntnis, nämlich bei dem hohen Priester Israels *Kaiphas* (oder Kajaphas), der

Jesus anklagte und den Römern auslieferte. Wie hätte er sonst sagen können:

> Johannes 11, 48-53: ... Ihr wisst nichts; so auch bedenkt ihr nicht, dass es für euch besser ist, wenn e i n Mensch für das Volk stirbt und nicht das ganze Volk umkommt. Dies sagte er aber nicht von sich aus, sondern weil er Hoher Priester jenes Jahres war, weissagte er. Denn Jesus sollte für das Volk sterben, und nicht nur für das Volk allein, sondern damit er auch die unter den Völkern verstreuten Kinder Gottes in eins zusammenbrächte. Von jenem Tage an beratschlagten sie nun, ihn zu töten.

In diesem Vers steckt das ganze Evangelium für *alle Völker.* Das wird noch unterstrichen durch die Geschichte mit der *Samariterin* am Brunnen, und später durch den *römischen Hauptmann Cornelius* in der Apostelgeschichte 10,24:

> Da tat Petrus den Mund auf und sprach: In Wahrheit werde ich inne, dass Gott nicht die Person ansieht, sondern dass in jedem Volk, wer ihn fürchtet und Gerechtigkeit übt, ihm willkommen ist.

Wer also hatte nun *Jesus direkt als Christus* erkannt? *Simeon, Johannes der Täufer, Petrus, Kaiphas.*

In allen vier Fällen wird diese Erkenntnis als göttliche Offenbarung oder Weissagung bestätigt.

Es folgt die Ostergeschichte, die Kreuzigung und die Auferstehung. Und nun die Überraschung: Selbst die nächsten Vertrauten von Jesus, seine Mutter und Maria Magdalena, auch zwei Jünger – erkannten ihn nicht.

Jetzt beginnt – für sie und für alle späteren Nachfolger – *die hohe Schule des geistigen Erkennens.* In *Johannes 20, 15* hält Maria Magdalena ihn gar für den Gärtner; in *Lukas 24, 16* heißt es über zwei Jünger, dass ihre Augen gehalten wurden, *damit* sie ihn nicht erkannten; *in Markus 16, 12* steht: Darnach aber *offenbarte er sich in anderer Gestalt.*

Hier wird noch einmal deutlich, dass es ein Unterschied ist, ob man einen Menschen kennt, oder auch erkennt, welchem Geist er angehört, wer er wirklich ist, über seinen Tod hinaus.

Propheten haben die zweifelhaft erfreuliche Gabe, dunkle Ereignisse vorauszusehen, ohne sie ändern zu können. So konnte der Prophet Sacharja, rund 500 Jahre vor Christus, den Schmerz des zu späten Erkennens so ausdrücken:

> Sacharja, 12, 10: ... und sie werden hinschauen auf ihn, den sie durchbohrt haben, und um ihn klagen, wie man klagt um das einzige Kind und bitterlich um ihn weinen, wie man weint über den Tod des Erstgeborenen.

Aber auch dieser Schmerz ist nicht das Ende aller Tage. In der Bibel kommt in der Offenbarung alles zu einem guten Ende, und alle Irrtümer lösen sich auf. Schließen wir also unsere Erkenntnisreise mit zwei Beispielen aus der Offenbarung ab:

> Offenbarung 5, 14: Dem, der auf dem Throne sitzt und dem Lamm gebührt das Lob und die Ehre und der Ruhm und die Macht in alle Ewigkeit.

> Offenbarung 7, 17: Denn das Lamm, das mitten vor dem Throne steht, wird sie weiden und sie zu Wasserquellen des ewigen Lebens leiten; und Gott wird abwischen alle Tränen von ihren Augen.

Aber da war noch jemand ...

Noch jemand hat außer den genannten vier Menschen Jesus als den Christus erkannt. Das waren jedoch keine Menschen, sondern Dämonen, die zwei Menschen besetzt hatten. Sie erkannten ihn von Weitem:

> Matthäus 8, 28-32: Und als er ans jenseitige Ufer in die Landschaft der Gadarener gekommen war, begegneten ihm, von den Grüften kommend, zwei Besessene, die sehr bösartig waren, sodass niemand auf jenem Weg vorbeigehen konnte. Und siehe, sie erhoben ein Geschrei und sagten: Was haben wir mit dir zu schaffen, du Sohn Gottes? Bist du hierher gekommen, um uns vor der Zeit zu peinigen? Es war aber fern von ihnen eine Herde Schweine zur Weide. Da baten ihn die Dämonen: Wenn du uns austreibst, so schicke uns in die Schweineherde. Und er sprach zu ihnen: Fahret hin. Sie aber fuhren aus und fuhren in die Schweine.

Das ist schon bemerkenswert! Ein ganzes Volk, welches seit 2000 Jahren zu einem Leben mit Gott erzogen worden war und auch ständig auf das Erscheinen des Messias wartete, konnte nur vier Menschen aufbieten, die ihn erkannten. Die Dämonen hatten da jedoch keine Schwierigkeiten. Sie wussten sofort, wer er war. Sie wussten aber auch, dass ihre Zeit zu gehen noch nicht gekommen war. Darauf berufen sie sich und wagen sogar eine Bitte. Sie wollten nach der Austreibung aus den beiden Menschen in die Schweine fahren. Und Jesus erlaubte es ihnen, weil auch er den göttlichen Plan und seine Ordnungen kannte und respektierte.

Diese Geschichte ist sehr wichtig. Da erhebt sich doch die Frage: Was war denn mit den Menschen, die von diesen Dämonen besessen waren? Hatten sie die gleiche Erkenntnis, schon auf Anhieb und von Ferne? Die Dämonen bewohnten schließlich ihre Körper und hatten ihre eigene Seele schon verdrängt. Sie konnten sie sogar zu besonders bösartigen Handlungen gebrauchen.

Ich würde sagen: Ja. Sie teilten die Erkenntnis der Dämonen, aber auch ihr Wissen um den künftigen Feuersee, der nach Ablauf ihrer Frist ihr endgültiges Schicksal sein würde. Diese Erkenntnis kam keiner Erleuchtung gleich, mit der sie sich Christus als Nachfolger hätten anschließen können. Und sie reichte auch nicht aus, um sich aus eigener Kraft von den Dämonen zu befreien. Dazu brauchten sie die Hilfe von Jesus. Und die Dämonen wussten sofort, dass ihnen diese Austreibung bevorstehen würde.

In einem Besessenen denkt und handelt nur der Dämon, der in ihm wohnt. Der Besessene ist verdrängt und fast schon eins mit dem Dämon, und er muss befreit werden. Er wird wohl mindestens im Unterbewusstsein wissen – wie in einem dunklen Traum, wozu sein Körper missbraucht wird. Also wird er die Furcht und den Respekt der Dämonen vor Christus irgendwie wahrnehmen.

Der Apostel Jakobus erkannte das auch und drückte es in seinem Brief so aus:

> Jacobus 2, 19: Du glaubst, dass es nur einen Gott gibt. Du tust wohl daran. Auch die Dämonen glauben es und zittern ...

An dieser Geschichte erkennen wir die überirdische Vollmacht von Jesus schon zu seinen Lebzeiten und seine einzigartige Bedeutung in der Geschichte der Menschheit. Nicht umsonst zählt unsere Zeitrechnung vom Jahr seiner Geburt an. Es war ein Meilenstein in der ganzen Schöpfung.

CHRISTUS ERKENNEN UND BEKENNEN

Der Kern der christlichen Religion

Die ersten Jünger von Jesus, die Apostel und die ersten Gemeinden haben nach Jesus eine gewaltige Arbeit geleistet, um den Grundstein für eine Weltreligion zu legen, die heute wirklich alle Völker der Erde erreicht hat. Dennoch ist der *Christuskörper*, der nach diesem Plan aus Menschenseelen durch die Zeiten hindurch erbaut wird, noch lange nicht fertig und immer wieder in Gefahr. Die ersten Warnungen kamen von Jesus selbst: siehe Zitat 3). Aber schon bald nach seinem Weggang warnten seine Nachfolger in den Apostelbriefen mit großem Nachdruck: 2.) Da sagt Johannes – einst Jünger, dann Apostel, in seinem zweiten Brief, dass wir alles wieder verlieren könnten, was die ersten Gründer erarbeitet haben, wenn wir uns nicht zu *Jesus als dem Christus* bekennen.

Inzwischen – nach rund 2000 Jahren – sind die Warnungen so gültig wie im ersten Jahrhundert. Zwar ist der Christuskörper weltweit vertreten und schon viele Seelen wurden gewonnen. Auch so mancher Märtyrer gab sein Leben für seinen Glauben hin. Aber die Gefahr ist keineswegs geringer. Denn auch der Körper des *Widerchrist oder Antichrist* ist durch die Zeiten gewachsen. Er hat nie geschlafen, wenn wir die letzten 2000 Jahre einmal genau betrachten. Ganze Kirchen wurden mit falschen Lehren infiziert. Die Menschen wurden bedroht durch Folter und Verbrennungen, mit der Vergebung wurde ein Geschäft gemacht (die Ablasszettel von Tetzel, die Luther angeprangert hatte und damit aus der Welt schaffte). Auch sah Jesus voraus, dass viele nach ihm sich als Christus ausgeben würden, wobei sie durchaus eine andere Bezeichnung für sich selbst wählen – und aus ihm nur einen unwichtigen Propheten aus der Vergangenheit machen könnten.

Ein Prophet ist ein Mensch, der Stimmen hört oder Visionen hat, die er als göttlich deutet. Meistens beziehen sich seine Aussagen auf die Zukunft, und sobald sie eintreffen, ist der Mensch als ein echter Prophet bestätigt.

Jesus macht über sich aber völlig andere Aussagen, und selbst Johannes den Täufer nennt er »*mehr als einen Propheten*«. Es ist also wirklich das Kernstück der christlichen Religion, für wen die Menschen Jesus wirklich halten. Siehe Zitat 1).

1.) Matthäus 16, 15-16: Er sagte zu ihnen: Ihr aber, für wen haltet Ihr mich? Da antwortete Petrus und sprach: Du bist Christus, der Sohn des lebendigen Gottes. Jesus aber antwortete und sprach zu ihm: Selig bist du Simon, Sohn des Jona; denn Fleisch und Blut hat dir das nicht geoffenbart, sondern mein Vater in den Himmeln.

2.) 2. Johannesbrief, Vers 7-9: Denn viele sind in die Welt ausgegangen, die Jesus Christus nicht als den bekennen, der im Fleisch kommt. Dies ist der Irrlehrer und der Widerchrist. Achtet auf euch selbst, damit ihr nicht verliert, was wir erarbeitet haben, sondern den vollen Lohn empfangt. Jeder, der zu weit geht und nicht in der Lehre des Christus bleibt, hat Gott nicht; wer in der Lehre bleibt, der hat sowohl den Vater als den Sohn.

3.) Lukas 21, 8: Er antwortete: Seht zu, dass ihr nicht irregeführt werdet! Denn viele werden unter meinem Namen kommen und sagen: Ich bin's, und: die Zeit ist genaht. Laufet Ihnen nicht nach!

4.) 2. Timotheusbrief 4, 3: Denn es wird eine Zeit kommen, wo sie die gesunde Lehre nicht ertragen werden, sondern sich nach eigenen Begierden Lehrer in Menge verschaffen werden, um sich die Ohren kitzeln zu lassen.

5.) Hebräerbrief 13,8: Jesus Christus ist gestern und heute derselbe in Ewigkeit. Lasset euch nicht von mannigfaltigen und fremdartigen Lehren fortreißen; denn es ist gut, dass das Herz durch Gnade gefestigt wird, nicht durch Speisen, von denen die, welche darnach wandeln, keinen Nutzen empfingen.

6.) 1. Johannesbrief 4,2-6: Daran erkennt ihr den Geist Gottes: Jeder Geist, der bekennt, dass Jesus Christus im Fleisch gekommen ist, stammt von Gott; und jeder Geist, der Jesus zunichte macht, stammt nicht von Gott, und das ist der Geist des Widerchrists, von dessen baldigem Kommen ihr gehört habt, und jetzt ist er schon in der Welt. Ihr stammt von Gott, Kinder, und habt sie überwunden; denn der in euch ist größer als der in der Welt. Sie stammen von der Welt; deshalb reden sie aus der Denkweise der Welt heraus, und die Welt hört auf sie. Wir stammen von Gott. Wer Gott erkennt, hört auf uns; wer nicht von Gott stammt, hört nicht auf uns. Daran erkennen wir den Geist der Wahrheit und den Geist des Truges.

Das Alte Testament schließt mit der Verheißung Gottes durch den Propheten Maleachi, dass vor dem Messias Elia wiederkommen müsse, um seinen Weg zu bereiten. Hören wir es uns an:

7.) Maleachi 3,5: Siehe, ich sende euch den Propheten Elia, ehe der große und furchtbare Tag des Herrn kommt. Und er wird das Herz der Väter den Söhnen und das Herz der Söhne den Vätern wieder zuwenden, dass ich nicht komme und das Land mit dem Banne schlage.

Das ist das Siegel, welches die Schriften von der Genesis bis zu Maleachi zu unserem *Alten Testament* macht. In der Genesis (1. Buch Mose) gibt es noch eine Stelle, die diesen Charakter hat, nämlich der Bund Gottes mit Noah. Lesen wir:

8.) 1. Mose 8,22: Solange die Erde steht, soll nicht aufhören Saat und Ernte, Frost und Hitze, Sommer und Winter, Tag und Nacht.

9.) 1. Mose 9,16-16: Und wenn der Bogen in den Wolken steht, will ICH ihn ansehen, um des ewigen Bundes zu gedenken zwischen Gott und allen lebenden Wesen, die auf Erden sind.

Diese Siegel machen die Schriften wirklich zu einem Testament Gottes für die Menschheit und deuten zugleich auf den gewaltigen Gottesplan mit der gesamten Schöpfung auf der Erde hin. Dass es darüber hinaus auch noch kosmische Dimensionen gibt, die über unser Sonnensystem hinausführen, können wir in der Bibel an anderen Stellen finden.

Die Jünger Jesu kannten diese Schriftstellen natürlich. Deshalb fragen sie ihn rundheraus:

10.) Matthäus 11, 12-14: Aber von den Tagen Johannes des Täufers an bis jetzt wird das Reich der Himmel mit Gewalt erstrebt, und gewaltsam Ringende reißen es an sich. Denn alle Propheten und das Gesetz haben auf Johannes hin geweissagt, und wenn ihr es annehmen wollt: er ist Elia, der kommen soll.

11.) Matthäus 17,10-12: Und seine Jünger fragten ihn: Warum sagen nun die Schriftgelehrten, zuvor müsse Elia kommen? Er aber antwortete und sprach: Elia soll zwar kommen und wird alles herstellen; ich sage euch aber: Elia ist schon gekommen und sie haben ihn nicht erkannt, sondern mit ihm getan, was sie wollten. So wird auch der Sohn des Menschen durch sie leiden müssen. Da verstanden die Jünger, dass er von Johannes dem Täufer redete.

12.) Markus 9,11: Und sie fragten ihn: warum sagen die Schriftgelehrten, zuvor müsse Elia kommen? Er aber sprach zu ihnen: Elia kommt zwar zuvor und stellt alles her; und wie steht über den Sohn des Menschen geschrieben? Dass er viel leiden und verachtet werden soll. Aber ich sage euch: Elia ist wirklich gekommen, und sie taten ihm, was sie wollten, wie über ihn geschrieben steht.

13.) Lukas 6, 26-27: Oder was zu sehen, seid ihr hinausgegangen? Einen Propheten? Ja, ich sage euch, sogar mehr als einen Propheten. Dieser ist es, über den geschrieben steht: »Siehe, ich sende meinen Boten vor deinem Angesicht her, der deinen Weg vor dir bereiten wird.«

Wenn ihr es annehmen wollt ... Was für eine herrliche Toleranz, nach der wir doch heute alle so laut rufen. Siehe unter Zitat 10). Wir können doch ohne Schwierigkeiten akzeptieren, dass andere Menschen in anderen Religionen und Regionen etwas anderes glauben. Solange wir uns im Gespräch zu dem bekennen, was wir selbst glauben und dafür den gleichen Respekt erwarten.

Schauen wir uns Punkt 13.) genau an. Jesus nennt selbst Johannes den Täufer, den er mehrfach als den reinkarnierten Elia bestätigt, »*mehr als einen Propheten*«. Deshalb ist selbstverständlich auch *Christus mehr als ein Prophet*. Denn Jesus ist kein wiedergekehrter Mensch, sondern eine Erstinkarnation aus den himmlischen Welten. Hierzu müssen wir seine klaren Aussagen über sich selbst lesen und gut kennen:

14.) Johannes 3,31- 36: Wer von oben her kommt, der ist über allen: wer von der Erde her kommt, der stammt von der Erde her und redet von der Erde her; wer vom Himmel her kommt, der ist über allen. Was er gesehen und gehört hat, das bezeugt er, und sein Zeugnis nimmt niemand an. Wer sein Zeugnis angenommen hat, der hat bestätigt, dass Gott wahrhaftig ist. Denn der, den Gott gesandt hat, redet die Worte Gottes; denn nicht nach begrenztem Maß gibt er den Geist. Der Vater liebt den Sohn und hat alles in seine Hand gegeben. Wer an den Sohn glaubt, hat ewiges Leben; wer aber dem Sohn nicht gehorcht, wird das Leben nicht sehen, sondern der Zorn Gottes bleibt über ihm.

15.) Johannes 5, 22-24: Denn auch das Gericht übt der Vater über niemanden aus, sondern er hat das Gericht ganz dem Sohn übergeben, damit alle den Sohn ehren, wie sie den Vater ehren. Wer den Sohn nicht ehrt, der ehrt den Vater nicht, der ihn gesandt hat. Wahrlich, wahrlich, ich sage euch: Wer mein Wort hört und glaubt dem, der mich gesandt hat, der hat ewiges Leben und in ein Gericht kommt er nicht, sondern er ist aus dem Tod ins Leben hinüber gegangen.
5, 30: Ich kann nichts von mir aus tun. Wie ich höre, so richte ich, und mein Gericht ist gerecht; denn ich suche

nicht meinen Willen, sondern den Willen dessen, der mich gesandt hat.

16.) Johannes 6, 51: Ich bin das lebendige Brot, das aus dem Himmel herab gekommen ist. Wenn jemand von diesem Brot isst, wird er in Ewigkeit leben.

17.) Johannes 8, 14: Auch wenn ich von mir selbst zeuge, ist mein Zeugnis wahr, denn ich weiß, woher ich gekommen bin und wohin ich gehe. 8, 23: Und er sprach zu ihnen: Ihr seid von unten her, ich bin von oben her; ihr seid aus dieser Welt, ich bin nicht aus dieser Welt.

18.) Johannes 12, 49: Denn ich habe nicht von mir aus geredet, sondern der Vater, der mich gesandt hat, er hat mir Auftrag gegeben, was ich sagen und was ich reden soll. Und ich weiß, dass sein Auftrag ewiges Leben ist.

19.) Johannes 16, 26-28: An jenem Tage werdet ihr in meinem Namen bitten. Und ich sage euch nicht, dass ich den Vater für euch bitten werde; denn er selbst, der Vater liebt euch, weil ihr mich geliebt und geglaubt habt, dass ich von Gott ausgegangen bin. Ich bin vom Vater ausgegangen und in die Welt gekommen; hinwiederum verlasse ich die Welt und gehe zum Vater.

20.) Johannes 14, 28: ... denn der Vater ist größer als ich.

Die Zitate 14–20 sollten wir gründlich studieren. Dabei merken wir sehr bald, dass hier eine völlig andere Autorität spricht als die eines Menschen, der nach geistlicher Inspiration prophetische Vorhersagen macht.

Wir lesen hier das Selbstzeugnis einer Erstinkarnation aus den himmlischen Welten. Natürlich ist das nicht leicht zu glauben. Jesus wusste das genau und erwähnt es immer wieder. Siehe besonders Zitat 14.): Johannes 3, 31-36. Hier spricht der *Christus* von der einsamen Position eines höheren Wissens aus. Und doch erreichen uns diese Worte noch heute. Und in jedem Jahrhundert wird es neue Menschen geben, die es glauben können.

Diese bilden in Wahrheit den *Christuskörper*, der aus Menschenseelen durch die Zeiten hindurch gesammelt wird.

Denen, die diesen Glauben in sich erst noch befestigen müssen, geben wir zum Abschluss noch zwei Warnungen von Jesus mit auf den Weg:

21.) Markus 13, 21: Und wenn euch jemand sagt: Siehe hier ist der Christus, siehe dort, so glaubet es nicht! Es werden aber falsche »Christus« und falsche Propheten auftreten und werden Zeichen und Wunder tun, um, wenn möglich, die Auserwählten irrezuführen. Ihr jedoch, sehet zu! Ich habe euch alles vorhergesagt.

22.) Matthäus 24, 5: Sehet zu, dass euch niemand irreführe! Denn viele werden unter meinem Namen kommen und sagen: Ich bin der Christus – und werden viele irreführen.

Nur wer zu irdisch denkt, zu materiell und in Fleisch und Blut, kann den Geist nicht fassen. Er erwartet eine Rückkehr von Jesus durch eine neue Inkarnation. Allein der Hebräerbrief mit der Ordnung Melchisedeks, Kapitel 7, macht klar, dass es in dieser höchsten Ordnung der Himmelsfürsten weder Vater, noch Mutter, noch Geschlecht gibt. Die weiteren Kapitel 8 und 9 im Hebräerbrief machen das völlig klar. Geburt und Tod gehören zusammen bei einem Leben in Fleisch und Blut. Hier geht es aber um Unsterblichkeit. Und das ist der eigentliche Kern der christlichen Religion:

Hebräerbrief 7, 24-25: ... dieser aber hat (Jesus), weil er in Ewigkeit bleibt, das Priestertum als ein unwandelbares inne. Und daher kann er die, welche durch ihn zu Gott kommen, auch völlig erretten, weil er immerdar lebt, um für sie einzutreten.

Die beiden Ölbäume und der Sohn der Sklavin

Betrachtung von drei Weltreligionen in der Bibel

Die Ölbäume

Diese sonderbaren Ölbäume, die bis in den Himmel hinauf reichen und von oben herab in zwei goldenen Röhren Öl spenden, begegnen uns zum ersten Mal beim Propheten *Sacharja, Kapitel 4, 12-14*. Sacharja selbst kann mit der Vision nichts anfangen, und so fragt er zweimal nach der Bedeutung, die ihm auch schließlich gegeben wird:

> Das sind die beiden Gesalbten, die vor dem Herrn der ganzen Erde stehen.

Sacharja hatte seinen erstaunlichen Visionen rund 500 Jahre vor der Geburt Christi. Etwa zu seinen Lebzeiten wurde Buddha geboren. Und etwa 100 Jahre vor Sacharja hatte der Prophet *Hesekiel* die Vision mit den Toren des Tempels: *Hesekiel, Kapitel 40, 26-27, und 25.*

Zur Vision *Hesekiels* in Kurzform: *Im Tor des Südens werden sieben Stufen im Inneren Vorhof gezeigt; im Tor des Ostens acht Stufen im äußeren Vorhof.* Hier haben wir einen Schlüssel zu dem Weg mit Christus, der über die Offenbarung Christi an Johannes sieben Stufen im inneren Vorhof anzeigt; *der Weg des Buddha* im Tor des Ostens acht Stufen. Hier erinnern wir uns an Buddhas »achtfachen Pfad der Leidensvernichtung«, ein langer Karmaweg im äußeren Vorhof, ein langes Abzahlen aller Verfehlungen ohne Vergebung bis zur endgültigen Erleuchtung und dem Aufgehen im höchsten Bewusstsein. Dabei werden alle Körper abgegeben, also die gesamte Individualität.

Der Weg mit Christus nimmt die Erleuchtung durch die Geisttaufe voraus und verlangt ein klares Bekenntnis im Glauben. Der Weg im inneren Vorhof hat dann nur noch sieben Stufen. Vergebung wird zugesagt und zugleich von den einzelnen Gläubigen gefordert (und vergib uns unsere Schuld – wie auch wir vergeben unseren Schuldigern).

Wenn wir diese beiden Wege des Christus und des Buddhas mit den Ölbäumen gleichsetzen, macht das sehr viel Sinn. Bei beiden Religionen wird direkt zu Gott bzw. zum Weltgeist gebetet. Es gibt keine Götzen mehr, keine Anbetung von Menschen, seien sie auch noch so heilig. Buddha hat sich im Nirvana aufgelöst – Symbol dafür ist der Höcker auf dem Scheitel bei allen Buddhafiguren; und Jesus wurde nach seiner Auferstehung in die *Ordnung Melchisedeks* aufgenommen, die Ordnung der höchsten Himmelsfürsten, direkt Gott unterstellt, die Regierenden des Kosmos, denen die Vollendung ganzer Menschenketten anvertraut ist. Die genaue Auskunft darüber gibt der *Hebräerbrief, das 7. Kapitel.*

Auch Jesus wollte nicht, dass seine Nachfolger zu ihm beten, sondern direkt zu Gott:

Johannes 16, 26-27: Und ich sage euch nicht, daß ich den Vater für euch bitten werde, denn er selbst, der Vater, liebt euch ...

Der Apostel *Paulus* befasst sich vor allem im *Galaterbrief* mit den unterschiedlichen Glaubenslinien.

Jene, die unter dem Gesetz stehen (dazu gehören natürlich alle Karmareligionen) und jene, die durch Christus freigekauft wurden. Wichtig hierzu ist das 3. Kapitel des Galaterbriefes. Da bezieht er sich auch auf Abraham.

Im 4. Kapitel des Galaterbriefes kommt er dann auf den Sohn Abrahams mit der Sklavin Hagar. Obwohl Gott dem Abraham bereits den aus dem Geist gezeugten Sohn mit der Nachkommenschaft der Gläubigen durch Christus gegeben hatte, zeugte Abraham mit Hagar einen Sohn »nach dem Willen des Fleisches«, *Galaterbrief 4, 22-23.* Dieser Sohn war *Ismael*, aus dessen Nachkommen sich später der *Islam* entwickelte. Die Moslems betrachten durchaus Abraham als ihren geistigen Urgroßvater mit seinem

Sohn Ismael. Und ganz folgerichtig vertreten sie eine harte Gesetzesreligion, bei der genaue Befolgung aller Vorschriften die Hauptgrundlage ist. Sie sind im Vollzug ihrer Gesetze auffallend gnadenlos; Hinrichtungen sind grausam und rein nach dem Buchstaben ihrer Gesetze. Und sicher nicht ganz zufällig leben die islamischen Frauen das Leben einer Sklavin, ohne Rechte, sogar ohne eigenes Gesicht. Nach dem Koran haben sie nicht einmal eine eigene Seele, sondern nur einen Anteil an der Seele ihres Mannes. Diese Gesetze und Behauptungen allerdings erhalten sie erst im 6. Jahrhundert nach Christus, und sie gehen weit über das Gesetz Gottes durch Moses in der Bibel hinaus.

Paulus muss das prophetisch vorausgesehen haben. Er beruft sich dabei auf ein Gotteswort des Alten Testaments, welches er im *Galaterbrief 4, 28-31* zitiert:

> Der Sohn der Sklavin soll nicht mit dem Sohn der Freien erben.

Das ganze Kapitel erklärt genau, wie die beiden Frauen Hagar und Sarah, Mütter von Ismael und Isaak, für die Bündnisse Gesetzt und Gnade stehen. Das erscheint vielleicht sehr kompliziert, ist aber im Grunde fast zu einfach, um wirklich missverstanden zu werden.

Machen wir es uns also noch einmal ganz einfach, in moderner Sprache und auf unser eigenes Leben und Denken bezogen:

Wir wollen ja auch Gerechtigkeit, sowohl für uns, als auch für andere. Wo Menschen leiden müssen, durch böse Taten anderer Menschen, ist dies nur zu verständlich. Wir werden aber mit dem Maß gemessen, mit dem wir selber messen. Da wird es schon schwierig. Als Nächstes wird von Gott niemand für Mangel an Erkenntnis gerichtet (4. Sendschreiben). Noch schwieriger. Und Glauben, Liebe und Motivation der Taten spielen auch noch eine Rolle. Wer das bis zu Ende betrachtet, beginnt zu ahnen, dass göttliche Gerechtigkeit etwas ist, was wir kaum noch verstehen können und worüber wir doch froh sein sollten. Denn es ist ja auch unsere Chance.

Der Sohn der Sklavin kann nicht erben zusammen mit dem Sohn der Freien: Wer nach Gerechtigkeit oder besser noch nach Rache schreit, mag damit befriedigt werden, aber das große Erbe der Vergebung eigener Sünden kann er nicht gleichzeitig bekommen. Das wäre ja auch wirklich ungerecht. Diese Freiheit ist also nicht so einfach zu erlangen. Obwohl sie immer wieder angeboten wird. Niemand ist ausgeschlossen, keiner ist auf ewig verdammt, auf der Sklavenlinie zu bleiben.

Nun kommen wir noch einmal auf die beiden Öl spendenden Ölbäume zurück. Da haben wir die Nachfolger *Buddhas*, die extrem friedfertig sind und sich bemühen, sich durch ein reines und hartes Leben die Erleuchtung zu verdienen, und wenn es 100.000 Leben erfordern sollte. Und da sind die Nachfolger des *Christus*, die durch Nächstenliebe und geduldige Vergebung bemüht sind, ihre sieben Stufen zu erklimmen. Die Menschen auf beiden Wegen wünschen sich Gerechtigkeit, nehmen aber Ungerechtigkeiten immer wieder geduldig hin, soweit es ihnen möglich ist.

Aber wahr ist nun mal, dass es viele Verbrecher in dieser Welt gibt, die zu allen Zeiten Menschen berauben, ermorden, quälen und unterdrücken. Immer wieder verurteilen Gerichte nach genauen Vorlagen des Gesetzes die Verbrecher, in manchen Ländern auch zur Todesstrafe. Aber auch lebenslange Gefängnisstrafen können zwar das Leben des Verurteilten schonen, aber seine Seele läutern können sie kaum. In vielen Fällen mag er nach langer Strafe böser sein als zuvor.

Was könnte nun noch helfen? Die Buddhisten sagen einfach, dann brauchen sie noch tausend Leben mehr, bis sie erleuchtet werden könnten. Sie übersehen dabei, dass sich das Böse von selbst verstärkt und in die satanische Richtung entwickelt. Das Einzige, was hier wirklich noch helfen könnte, wäre eine harte Religion mit strengsten Regeln. Also eine Inkarnation in der Nachfolge *Ismaels*.

Jetzt kommen wir zu Mohammed, ein einfacher Mann, der Karawanen durch die Wüste geleitete und der mit einmal eine Stimme hörte. Diese Stimme stellte sich ihm als *Gabriel* vor. Was sie ihm diktiert, ist am Ende der Koran, der sich auf die

Nachfolge Abrahams und Ismaels bezieht, teilweise auf das Alte Testament, aber ergänzt von Regeln und Vorschriften, die härter kaum noch sein können.

Der Engel *Gabriel,* den wir aus der Bibel kennen, verkündete Maria die Geburt von Jesus, im ersten Kapitel *Lukas,* und er sagt ihr, dass er *Sohn Gottes* genannt würde, und sein Königtum wird ohne Ende sein, *Luk. 1, 33*. Derselbe *Gabriel*, Erzengel der Erde, erscheint auch mehrfach dem Propheten *Daniel, 9, 21-23*, wo er ihm als Antwort auf seine Gebete erscheint. *Daniel, Kapitel 10, 12-14,* vertraut Gabriel dem Propheten Daniel an, dass ihm im Kampf gegen den Fürsten des Perserreiches (dem heutigen Iran), der Erzengel *Michael* zur Hilfe kam, und dass er es ohne ihn kaum geschafft hätte. Wir haben es in beiden Fällen mit einem sanften Engel zu tun. Die Erde ist ihm anvertraut, und die Kriege der Menschen machen ihm viel Kummer.

Wenn wir dagegen die Gesetze des Korans lesen, ist es sehr schwer zu glauben, dass diese von dem gleichen *Gabriel* diktiert sein sollten. Wenn aber doch? Dass der unbekannte und analphabetische Kameltreiber Mohammed eine sehr starke spirituelle Erfahrung gemacht hatte und eine Berufung erfuhr, die weltbewegend war, steht außer Zweifel. Engel unterstehen Gott – und die Satansengel unterstehen dem Satan. Die Offenbarung macht das ganz klar. Ob nun eine Eingabe von Gott kommt oder von seinem Widersacher Satan, muss jeder Mensch immer wieder neu überprüfen und für sich selbst entscheiden. So einfach ist das nicht.

Jesus weist immer wieder darauf hin, dass ja der Teufel lügen kann. Er ist ein Betrüger vom Anfang!
   Falsche Propheten werden auftreten und sich als Christus ausgeben. Wir sollen ihnen nicht folgen! Hierzu empfehle ich *Lukas 21, 7-19.* Die Ratschläge sind einfach: nach innen lauschen, standhaft bleiben, sie an den Früchten erkennen. Aber ein Patentrezept gibt es nicht. Die satanischen Herausforderungen sind in jedem Jahrhundert wieder anders und neu. Sonst wäre es ja einfach!

Genauso müssen wir Religionen prüfen, Menschen, Schriften, Offenbarungen. Wenn man sich jedoch an die Bibel hält, an

Christus, die Apostel, die Propheten und die erleuchteten Gottesmänner des Alten Testaments, ist man schon sehr gut aufgehoben. Jeder kann es ja für sich ausprobieren. Er wird es schon merken in seinem Leben.

Hören wir uns hierzu noch einmal die Ratschläge des Apostel *Paulus an,* der schließlich selbst einmal ein Saulus war: Wir sind wieder im *Galaterbrief, Kapitel 5, 19-26:* Da zeigt er zuerst einen Katalog negativer Eigenschaften als Folge eines ungeistigen Lebens und dann den Katalog der Geistesfrüchte, 5, 22. Der Unterschied ist allerdings dramatisch und leicht zu erkennen. Auf der ersten Seite: Ausschweifung, Götzendienst, Zauberei, Neid usw. – auf der zweiten Seite *als Frucht des Geistes: Liebe, Freude, Friede, Langmut, Freundlichkeit, Gütigkeit, Treue, Sanftmut, Enthaltsamkeit.*

Und als letzten Hinweis für alle, die an dieser Welt verzweifeln könnten, sagt uns Paulus im *Epheserbrief, 6, 12-17,* dass unser Kampf nicht gegen Fleisch und Blut geführt wird, sondern gegen die Mächte der Finsternis. Er hat sie wirklich erlebt, bis in den Tod. Und er hat das ganze Evangelium verstanden, wozu wir auch berufen sind. Es ist für niemanden zu hoch.

Jetzt müssen wir uns doch noch einmal den beiden *Ölbäumen* zuwenden, denn wir treffen sie wieder in den sieben Posaunen der Offenbarung. Ich erinnere noch einmal daran, dass der Weg mit *Christus über sieben Stufen im inneren Vorhof* führt, das heißt, dass auf diesem Weg die Erleuchtung am Anfang steht, durch Bekehrung und Geisttaufe der Nachfolger. Es ist daher nicht verwunderlich, dass in der Offenbarung Christi an Johannes gleich vier Siebenheiten enthalten sind: die Sendschreiben an die Engel, die sieben Siegel, die sieben Posaunen, die sieben Plagen. In der Auslegung in gleicher Reihenfolge: die Stufen bis zur Vollendung; die Todesarten auf Erden und die Übergänge in die anderen Welten; die Inkarnationen auf der Erde; die Läuterungsprozesse auf der Erde.

Bei den Posaunen geht es also darum, was für Seelen hier geboren werden, in diesem Äon, dieser Naturordnung, wie sie im

Bund mit Noah gegeben wird (Altersgrenze 120 Jahre), satanische Wesen noch losgebunden. Es ist eine beachtliche Mischung von Gut und Böse, die hier hereinkommt bis zum Ende dieser Zeit, wie sie im Kapitel Lukas 13 angedeutet wird: *Wenn der Hausherr aufsteht und schließt die Tür.*

Böse Menschen sind unter uns, das können wir nicht übersehen. Gute aber auch. Auf das Verhältnis kommt es an, denn sie befinden sich im Kampf miteinander. Und dann passiert etwas ganz Schreckliches, *im Kapitel 11, Offenbarung, im zweiten Zwischenstück,* vor der siebenten Posaune:

> Offb. 11,4: Das sind die zwei Ölbäume und die zwei Leuchter, die vor dem Herrn der ganzen Erde stehen.

Diese beiden großen Zeugen Gottes erweisen sich zunächst als sehr mächtig, aber dann werden sie getötet, und ihre Leichname liegen dreieinhalb Tage auf der Straße:

> Vers 10-11: Und die Bewohner der Erde freuen sich über sie und frohlocken, und werden einander Geschenke schicken, denn diese zwei Propheten peinigten die Bewohner der Erde. Und nach den dreieinhalb Tagen kam der Geist des Lebens aus Gott in sie, und sie traten auf ihre Füße, und große Furcht überfiel die, welche sie sahen.

Wir schicken uns gegenseitig Geschenke zu Weihnachten, zur Feier der Geburt Christi und seiner wundervollen Religion. Aber wer kann sich wirklich vorstellen, dass der Tod beider »Ölbäume«, also Buddha und Christus, der beiden höchsten Religionen, Anlass zu solcher Freude ist? Wo muss die Menschheit hingekommen sein, um so zu empfinden? Die ersten sechs Posaunen machen es schon klar, welche Menschen dann auf der Erde leben, was sie glauben und was für Charaktere sie haben. Aber was sind nun die dreieinhalb Tage? In der Offenbarung darf man Zahlen nie so wörtlich nehmen, sie sind Schlüssel und Symbole für kosmische Zeiten und Zusammenhänge. Und 3,5 ist außerdem eine halbe sieben!

Denken wir einmal nach, wie lange diese großen Religionen scheinbar tot sein könnten, sodass eine Wiederbelebung noch logisch möglich wäre: dreieinhalbtausend Jahre? Unwahrscheinlich! 350 Jahre? Scheint auch schon sehr lang, ist aber nicht ausgeschlossen. Wirklich wörtlich dreieinhalb Tage? Das würde ja niemand bemerken. 35 Jahre? Durchaus wahrscheinlich, denn die gleichen Menschen, die sich zuerst freuen, sehen später ihre Wiederbelebung mit Furcht. Also 35 Jahre wären meine Wahl in der Auslegung.

Betrachten wir doch einmal im 20. Jahrhundert den Siegeszug des Kommunismus, einer vollkommen atheistischen Weltanschauung, wo in Russland das Christentum und in China der Buddhismus in den ersten 35 Jahren langsam verdrängt wurden; in den zweiten 35 Jahren waren beide Religionen bereits so gut wie tot, so wie die Offenbarung es ausdrückt im 11. Kapitel. Und dann – ganz plötzlich – kam das geistliche Leben zurück, und die Menschen wunderten sich darüber. Das ist doch praktisch vor unseren Augen geschehen! Diese Prophezeiung erwies sich als vollkommen real und betraf rund ein Drittel der Menschheit. Und der Kampf der Weltanschauungen geht weiter. Viele Vorhersagen müssen sich noch erfüllen.

Noch ist es nicht so weit. Aber die Gefahr ist schon sichtbar. Wir müssen aufpassen und den kostbaren Besitz unserer Offenbarungen Gottes erhalten, beschützen, durchforschen und notfalls dafür kämpfen. Die dunklen Mächte schlafen nicht. Wenn selbst der Erzengel Gabriel sich vor ihnen gefürchtet hat, haben wir auch Grund dazu. Aber das Ende ist es nicht. Das dürfen wir ruhig glauben. Das himmlische Abschlussfest in der Bibel, in der Offenbarung, wird stattfinden. Und wir sind alle eingeladen:

Offenbarung 22, 17: Und der Geist und die Braut sagen: Komm! Und wer es hört, der sage komm! Und wer dürstet, der komme, wer will, der nehme das Wasser des Lebens umsonst!

Gott als fühlendes Wesen
Ein Seminar über die Emotionen Gottes bei einem Streifzug durch die Bibel

Bei diesem Seminar geht es um den Glauben an Gott als fühlendes Wesen, welches zu allen uns bekannten emotionellen Regungen fähig ist: Liebe, Mitgefühl, Trauer, Zorn, Freude und Erbarmen. Dieser Glaube ist die Grundlage aller monotheistischen Religionen.

Das erste Gebot, nach welchem wir Gott von ganzem Herzen über alles lieben sollen, wäre ohne diesen Glauben nicht zu halten. Wer sich Gott als kosmische Schwingung vorstellt, ohne Regung und Gefühl, ohne Willen und Anteilnahme an unserem Schicksal, kann schwerlich dazu eine Liebe entwickeln. Eine Schwingung bittet man auch nicht um Hilfe, und man sieht sich kaum genötigt, ihr zu gehorchen. Bei den Pantheisten finden wir eine Liebe zu allem, was lebt, aber keinen Helfer, den wir anrufen können. In der Bibel wird Gott im Alten Testament als Herr angeredet; im Neuen Testament als Vater, was in vielen eine sehr menschliche Vorstellung erzeugt, die durch die Schilderungen vom brennenden Busch, dem Erlebnis Elias und dem Thron Gottes in der Offenbarung wieder erweitert wird.

Ein Wesen, dass einen Kosmos hervorgebracht hat, ist schwerlich vorstellbar. Und wir sollen uns ja auch kein Bildnis machen. Die Gefühle Gottes jedoch, die in der Bibel sehr genau beschrieben werden, sind begreiflich und deshalb das Thema unseres Seminars. In der Bibel steht, dass Gott Geist ist, deshalb müssen wir die Dinge unabhängig von jeder Materialisation betrachten. Wir wissen von unseren Träumen, dass wir sehr wohl denken, fühlen und erleben können, während der physische Körper ruht und daran nicht direkt beteiligt ist. Genauso kommt in der Bibel der geistige Schöpferakt Gottes vor der Entwicklung der Natur.

Glauben kann man nicht lernen und nicht übertragen. Aber man kann wenigstens darüber meditieren, um so herauszufinden, was man eigentlich glaubt. Hier erlebt mancher bei sich selbst eine große Überraschung auf der einen oder anderen Seite. Ehrliches Insichhineinhorchen ist die Voraussetzung für die innere Glaubensgewissheit.

Die Bibel gibt uns eine großartige Fülle einzelner Beispiele, wo Gott selbst großen Anteil nimmt am Leben seiner Geschöpfe, mit Freuden, Sorgen, Hoffnung und Trauer und mit einem großartigen Erlösungsplan für alle. Die ganze Bibel ist eine verborgene Liebesgeschichte zwischen der Menschheit und ihrem Schöpfer. Da gibt es am Beispiel einzelner Personen so etwas wie Flitterwochen erster Glückseligkeit, Abfall und Untreue, Umkehr und erneuter Rückfall. Es ist genau wie bei uns, nur dass Gott mit seinen Gefühlen dabei zugleich der höchste Stabilfaktor im Universum ist. Am Ende steht das große Fest im Himmel, wo die Vollendung aller Seelen gefeiert wird.

Es ist eine großartige Geschichte. Jeder hat schon Menschen gesehen, die aus ihrem Glauben eine ständige Kraft schöpfen. Sie können es nicht erklären und nicht weitergeben, denn jeder muss es selbst erfahren. Im Seminar lassen wir alle Teilnehmer mit ihren eigenen Erfahrungen zu Wort kommen. Es ist immer wieder erstaunlich, welche Tiefen sich dabei offenbaren, manchmal zur Verblüffung der Personen selbst. Jeder Mensch ist schon weiter, als er selber weiß. Von Zeit zu Zeit sollte er sich die Chance geben, es auch zu erkennen.

Dieser Stoff ist in Kurzform an einem Wochenende möglich, oder auch als 5-Tage-Seminar.

Die silberne Schnur
Das Bindeglied zwischen drei möglichen Körpern des Menschen

Der Begriff *Silberne Schnur* war mir aus der esoterischen Literatur schon lange bekannt, als ein unsichtbares Band zwischen dem Astralkörper der Seele, dem physischen Körper und dem Geist, der sich auch als himmlischer Körper manifestieren kann. (Zum Beispiel Helena Blavatzky, Rudolf Steiner, Alice Bailey und andere.)

Da ich mich jedoch lieber auf die Arbeit mit der Bibel konzentriere und auch erwarte, dort die Antworten aller Mysterienschulen der Menschheit zu finden, war ich sehr erfreut, als ich auch die *silberne Schnur* entdeckte, und zwar bei Salomo:

Prediger Salomo, Kapitel 12, Vers 6-7: ... ehe denn die silberne Schnur zerreißt und die goldene Ampel zerspringt, ehe das Rad bricht und in den Brunnen stürzt und der Eimer an der Quelle zerschellt. Denn der Mensch geht in sein ewiges Haus, und die um ihn klagen, ziehen auf der Gasse umher, und der Staub wird wieder zu Erde, wie er gewesen, der Odem aber kehrt wieder zu Gott, der ihn gegeben.

Eine unglaublich interessante und umfassende Textstelle. Es wird schnell klar, dass es sich hier um den Tod des Menschen handelt, wenn die silberne Schnur zerreißt, die zuvor alle drei Ebenen zusammengehalten hat. Sagen wir es erst mal esoterisch: den Kausalkörper, den Astralkörper der Seele und den physischen Körper. Nun müssen wir aber alle drei genau nach der Bibel betrachten, und das ist nicht so einfach. Denn es handelt sich hier um drei Ebenen, die alle in ständigen Prozessen und Entwicklungen stehen. Die blumige Sprache Salomos gibt hier noch einige Hinweise.

Beginnen wir mal von unten her, mit dem *physischen Körper*. Wenn wir im ersten Werdegang vor der Geburt eine schwangere Frau betrachten – wie könnten wir von außen erkennen, ob der kleine Körper schon ein fertiger Mensch ist mit allen nötigen Organen und Gliedern? Der Reichtum der höheren Atome, die für die Körper aller Lebewesen gebraucht werden, steht zur Verfügung. Lange vorher war dazu im Kosmos die Explosion einer Supernova erforderlich. Das alles wird hier von Salomo schlicht als *Staub* bezeichnet, der im Tode zur Erde zurückkehrt. Aber es ist kosmischer Staub, der Baustoff des Schöpfers in der materiellen Welt. Auch hierfür ist es schon notwendig, dass *die silberne Schnur* den Körper wieder freigibt. Die anderen Vergleichsbilder von Salomo – *die goldene Ampel, das Rad und der Eimer an der Quelle* – könnte man auf das Gehirn, das Herz und die Atmung anwenden. In jedem Fall ist es der physische Körper insgesamt, der hier zugrunde geht. Das ist aber nicht so schlimm, solange nur die Seele erhalten bleibt.

Jetzt kommen wir zu der *Seele*, dem Traumkörper oder *Astralkörper*. Salomo nennt ihn hier ganz einfach: *der Mensch*. Denn dieser geht *in sein ewiges Haus,* und das ist ganz eindeutig nicht die Erde, die den physischen Körper wieder aufnimmt. Diesen Traumkörper kennen wir alle aus unseren Träumen. Er kann sehen und hören, ist voll erlebnisfähig und kann sogar fliegen, während er gleichzeitig weiß, dass der physische Körper schläft. Jedoch ist er bereit, bei jeder Störung sofort aufzuwachen und den Traum abzubrechen. Denn wenn wir träumen, behält die Seele die Verbindung mit dem physischen Körper durch die *silberne Schnur.* Egal wie hoch wir auch fliegen mögen. Die Träume können Besuche in Paradiesen und auch Höllen sein. Was nun *das ewige Haus* des jeweiligen Verstorbenen ist, muss sich erst noch herausstellen. Es ist eine kurze Betrachtung wert.

Betrachten wir zuerst einmal Hesekiel, der ohnehin der Prophet für die Totenwelten ist (im Luthertext):

> Hesekiel, Kapitel 8, Vers 12: Und er sprach zu mir: Menschenkind, siehst du, was die Ältesten des Hauses Israel tun in der Finsternis, ein jeglicher in seiner Bildkammer? – denn sie sagen: Der Herr sieht uns nicht, der Herr hat das Land verlassen.

Diese Leute in ihren eigenen Bildkammern räuchern vor ihren Bildern, die sie sich selbst erschaffen haben. Das kommt wohl einer Hölle sehr nahe, ist aber selbst gemacht. Ein drastisches Bild von einem Menschen, der sich aus seinen eigenen Vorstellungen und Wünschen auch nach dem Tode nicht befreien kann, und somit gehindert wird, in höhere Regionen aufzusteigen. Eigentlich ist es ja auch im physischen Leben so, nur da fordert das Leben selbst seine Aufmerksamkeit und seine Energien. Hier unten in der Bildkammer ist die Seele mit sich selbst allein. Denn – wir erinnern uns – *die silberne Schnur ist zerrissen*, der Körper wird zu Staub.

Bei der Bildkammer müssen wir jedoch nicht stehen bleiben, denn es gibt noch andere Räume für die Seele nach dem Tode. Wenden wir uns jetzt dem Neuen Testament zu. Da finden wir in der Offenbarung die Stufenleiter für jene, die sich für ihren Weg zu Gott an der Hand von Christus entschieden haben. Gleich am Anfang, auf der ersten Stufe Ephesus, gibt es am Ende eine hohe Belohnung, nämlich den zweiten Apfel. Zuvor wird es allerdings notwendig, die erste Liebe zu Gott und Christus neu zu entfachen und treu bis zum Ende durchzuhalten.

> Offenbarung, Kapitel 2, Vers 7: Wer überwindet, dem will ich zu essen geben vom Baum des Lebens, der im Paradiese Gottes ist!

Erinnern wir uns an die Vertreibung aus dem Paradies?

> 1. Mose, 3, 24: Und er vertrieb Menschen und ließ östlich vom Garten Eden die Cherube sich lagern und die Flamme des zuckenden Schwertes, den Weg zum Baum des Lebens zu bewachen.

Diese Frucht vom Baum des Lebens war Adam und Eva frei zugänglich, solange sie sich nicht nach der Erkenntnis von Gut und Böse ausstrecken (dem ersten Apfel), was allerdings für den Aufstieg in die himmlischen Welten erforderlich war. Nur kostete sie es die äonische Unsterblichkeit. Sie mussten in den physischen Körpern Geburt und Tod erfahren, zur Erkenntnis Gottes kommen und mit Christus den langen Aufstieg beginnen, der dann – eines Tages auf den höchsten Stufen – über das Paradies hinaus führen würde.

Aber schon als Anfänger in der Nachfolge Christi bekommen sie den Zugang zum Paradies für ihre Seele zurück. Sie werden also nicht in düsteren Bildkammern landen, wo sie in ihren eigenen Vorstellungen und Emotionen gefangen sind. *Denn die Verbindung zwischen Seele und Geist ist nicht abgerissen, nur die Verbindung zum physischen Körper.*

Damit kommen wir *zur dritten Ebene,* der Kausalwelt, *den himmlischen Welten.* Die Wohnung Gottes, der Engel und der Himmelsfürsten nach der Ordnung Melchisedeks, welche aus der Menschheit aufgestiegen sind, durch die Sterblichkeit hindurch zu letzten, ewigen Unsterblichkeit. Zu der auch Jesus Christus nach seiner Auferstehung gehört. Siehe Hebräerbrief, Kapitel 7 (Luthertext):

> Hebräer 7, Vers 3: (die Ordnung Melchisedeks) ... ohne Vater, ohne Mutter, ohne Geschlecht und hat weder Anfang der Tage noch Ende des Lebens – er ist aber verglichen dem Sohn Gottes und bleibt Priester in Ewigkeit.
> Vers 15-17: ... wenn nach der Ähnlichkeit mit Melchisedek ein andrer zum Priester bestellt wird, der es nicht nach der Vorschrift eines fleischlichen Gebotes geworden ist, sondern nach der Kraft unzerstörbaren Lebens. Denn es wird über ihn bezeugt: »Du bist Priester in Ewigkeit nach der Weise Melchisedeks.«
> Vers 21: ... »Der Herr hat geschworen, und es wird ihn nicht gereuen: Du bist Priester in Ewigkeit« – insofern ist Jesus eines besseren Bundes Bürge geworden.
> Vers 25: Und daher kann er die, welche durch ihn zu Gott kommen (durch Jesus Christus), auch völlig erretten, weil er immerdar lebt, um für sie einzutreten.

Bevor also die himmlischen Welten das *ewige Haus* unserer Seele werden, müssen wir noch einmal bei dem Prediger Salomo beginnen, denn jetzt wird es wirklich schwierig. Salomo war sich der dritten Ebene wohl bewusst, obwohl er noch tausend Jahre vor Christus lebte. Das ewige Haus, von dem er spricht, ist eindeutig die Unterwelt, also die Totenwelten, wo die Seelen im besten Fall auf eine neue Inkarnation warten. Lesen wir von ihm:

> Prediger 9,10: Alles was du tun kannst, das tue nach deinem Vermögen, denn in der Unterwelt, wohin du gehst, gibt es nicht Schaffen noch Planen, nicht Erkenntnis noch Weisheit mehr.

Der Körper wird wieder zu Staub – aber! (Prediger 12,7) *der Odem aber kehrt wieder zu Gott, der ihn gegeben.* Damit bezieht er sich ganz klar auf die Paradieslegende, wo Gott Adam erschafft und ihm den in die Nase bläst (Genesis 2,7 Luthertext): *so ward der Mensch eine lebendige Seele.* Das Leben also kommt unmittelbar von Gott.

> Johannes 6,63: Der Geist ist's, der da lebendig macht.

Und im 42. Psalm finden wir bereits den ahnungsvollen Seufzer:

> Psalm 42,3: Meine Seele dürstet nach Gott, dem lebendigen Gott. Wann werde ich kommen und Gottes Angesicht schauen?

Tausend Jahre später gibt der Apostel Johannes darauf die Antwort:

> Johannes 1,12: ... So viele ihn aber aufnahmen, den gab er Anrecht darauf, Gottes Kinder zu *werden*.

Von hier an, also mit Christus, der als Weltlehrer von Gott zu den Menschen gesandt wurde, beginnt der bewusste Aufstieg in die himmlischen Welten, ein immer noch langer und steiniger Weg über sieben Stufen, die wir aus den Sendschreiben in der Offenbarung Christi schon so oft betrachtet haben. Von nun an müssen wir uns mit dem Werdegang der künftigen Kinder Gottes und der Einwohner der himmlischen Welten befassen.

Also zurück zu unserer silbernen Schnur. Wir sehen uns jetzt noch einmal die sieben Stufen nach den Sendschreiben an und achten darauf, wie sich die Seele entwickelt und sich langsam zu einem himmlischen Wesen transformiert. Vorab ein Satz von Paulus:

> 1. Korinther 15,40-44: Und es gibt himmlische Leiber und irdische Leiber; aber anders ist der Glanz der himm-

lischen, anders der der irdischen. Anders ist der Glanz der Sonne und anders der Glanz des Mondes und anders der Glanz der Sterne; denn Stern unterscheidet sich von Stern durch den Glanz. So ist es auch mit der Auferstehung der Toten. Es wird gesät in Verweslichkeit, es wird auferweckt in Unverweslichkeit; es wird gesät in Unehre, es wird auferweckt in Herrlichkeit; es wird gesät in Schwachheit, es wird auferweckt in Kraft; es wird gesät ein natürlicher Leib, es wird auferweckt ein geistiger Leib.

Genauer kann man es kaum sagen. Beginnen wir nun mit dem Aufstieg. Dieser beginnt, sobald ein Mensch aus freiem Willen seine Seele Gott übergeben und der Führung von Christus anvertraut hat.

Eine Befestigung dieses Schrittes durch eine Taufe wird empfohlen.

Die erste Stufe im Aufstieg mit Christus, *Ephesus,* haben wir schon betrachtet. Die Seele geht nach dem Tode des physischen Körpers in ein Paradies. Der Apfel vom Baum des Lebens wird hier versprochen. Eine Verbindung zwischen Seele und Geist bleibt bestehen, denn die Entwicklung geht ja weiter. Hierzu lesen wir ein wirklich großes Schlüsselwort von Jesus:

> Johannes 10, 27-30: Meine Schafe hören auf meine Stimme, und ich kenne sie und sie folgen mir nach. Und ich gebe ihnen ewiges Leben, und sie werden in Ewigkeit nicht umkommen, und niemand wird sie aus meiner Hand reißen. Mein Vater, der sie mir gegeben hat, ist größer als alle, und niemand kann sie aus der Hand des Vaters reißen. Ich und der Vater sind eins!

Die zweite Stufe *Smyrna* stellt eine große Ausnahme dar. In dieser Stufe geht es um die Märtyrer, die für ihren Glauben ihr Leben lassen. Zwar werde alle Nachfolger Christi irgendwann leiden müssen unter Spott, Verfolgung oder Gefangenschaft. Jedoch nicht jeder muss dabei umkommen. Diejenigen aber, die doch sterben werden, kommen sofort in den Himmel unter den Altar Gottes. Das lesen wir genau im 5. Siegel der Offenbarung:

> Offenbarung 6, 9-11: Und als es (das Lamm) das fünfte Siegel öffnete, sah ich unter dem Altar die Seelen derer, die hingeschlachtet worden waren um des Wortes Gottes willen und um des Zeugnisses willen, das sie festhielten. Und sie riefen mit lauter Stimme: Wie lange, heiliger und wahrhaftiger Herr, richtest du nicht und rächst unser Blut nicht an denen, die auf Erden wohnen?
> Und es wurde einem jeden von ihnen ein weißes Kleid gegeben, und es wurde ihnen gesagt, dass sie sich noch kurze Zeit gedulden sollten, bis auch ihre Mitknechte und ihre Brüder, die den Tod finden sollten gleich wie sie, zur himmlischen Vollendung gekommen wären.

Sie sind also im Himmel und bekommen ein weißes Kleid. Also werden ihre Seelen um des Opfertodes willen voll gereinigt. Aber sie schreien noch nach Rache über die, welche sie getötet hatten. Ihre Blickrichtung wird jetzt um 180 Grad gedreht, nämlich auf ihre Nachfolger im Opfertod. Jedoch nicht darauf sollen sie warten, sondern auf deren himmlische Vollendung. Dabei wird ihnen wohl mit der Zeit klar werden, dass der Wunsch nach Rache dazu nicht gehört.

Und nun zurück zu unserer silbernen Schnur. Diese Seelen aus der zweiten Stufe haben nun schon einen himmlischen Körper, wie ihn Paulus beschreibt. Da sie an ihrer Vollendung jedoch noch arbeiten müssen, sind sie sozusagen eine Frühgeburt mit dem himmlischen Körper. Die silberne Schnur verbindet jetzt die Seele mit dem himmlischen Körper, jedoch sind sie vorzeitig über die Paradiese hinaus gewachsen, was wohl der Gottesplan mit der gesamten Menschheit ist, jedenfalls für alle, die das Erlösungsangebot des Christus angenommen haben. Die anderen werden weiter auf der Leiter aufsteigen, wo sie frühestens auf der 5. Stufe im Himmel bleiben dürfen.

Auf der dritten Stufe *Pergamus* bekommen sie schon einmal ihren neuen Namen. Damit sind sie bereits eine himmlische Individualität; allerdings können sie diesen Namen bis zur 5. Stufe noch einmal verlieren. Denn dort heißt es:

> Offenbarung 3, 5-6: Wer überwindet, der wird mit weißen Kleidern angetan, und ich will seinen Namen nicht auslöschen aus dem Buch des Lebens – und will seinen Namen bekennen, vor meinem Vater und vor seinen Engeln.

Auf den Stufen 3, 4 und 5 können wir noch davon ausgehen, dass die Seelen nach ihrem physischen Tode in die Paradiese aufsteigen und sozusagen einen Urlaub nehmen bis zur nächsten Inkarnation auf der Erde. Sie werden weiterhin geleitet und betreut – denn: *... niemand wird sie aus meiner Hand reißen.* So bleibt die Verbindung zwischen Seele und Geist bestehen; bei einer neuen Geburt wird die Verbindung mit dem physischen Körper neu hergestellt bis zum Tode.

Es ist wohl kein Zufall, dass dieses Bild einer Verbindungsschnur an die Nabelschnur erinnert, die Mutter und Kind bis zur Geburt verbindet. Auch die Ernährung des Kindes erfolgt durch diese Schnur.
Wenn das winzige Menschenei (einen halben Millimeter groß) befruchtet ist und die rasende Zellteilung beginnt, ist für alles Weitere schon gesorgt. Wann allerdings genau die Schnur entsteht, können wir nur ungefähr erkennen.

Mit der silbernen Schnur ist es nicht viel anders. Die geistige Individualität wächst langsam – über viele Stufen. Fertig ist sie erst auf der 6. Stufe: *Philadelphia*. Hier heißt es ganz eindeutig:

> Offenbarung 3, 12: Wer überwindet, den will ich zu einem Pfeiler im Tempel meines Gottes machen, und er wird nicht mehr hinauskommen.

Hier könnte man schon fast sagen: Sie sind angekommen nach einer langen Reise durch Zeit und Raum, durch viele Leben und Erfahrungen, sie haben sich bewährt und alle Proben bestanden. Selbst über die Paradiese sind sie hinausgewachsen, und sie wissen, was Gut und Böse ist. Sie dürfen in den himmlischen

Welten bleiben; wenn sie sich jedoch inkarnieren wollen, ist auch das möglich, denn auf dieser Stufe bekommen sie außerdem die *Schlüssel Davids*, über die wir am Anfang der 6. Stufe nachlesen können.

Aber dennoch! Die höchste Stufe ist es noch nicht. Die letzte Vereinigung mit Christus, der selbst nun in der Ordnung Melchisedeks ist, findet erst auf der 7. Stufe statt und ist vollkommen freiwillig! Lesen wir in der Stufe *Laodizea*:

> Offenbarung 3, 20: Siehe ich stehe an der Tür und klopfe an. Wenn jemand meine Stimme hört und die Tür öffnet, werde ich zu ihm hineingehen und das Mahl mit ihm halten und er mit mir. Wer überwindet, dem will ich verleihen, mit mir auf meinem Thron zu sitzen, wie auch ich überwunden und mich mit meinem Vater auf seinen Thron gesetzt habe.

Auch dieser letzte Schritt der bereits mit himmlischen Körpern ausgestatteten Seelen kostet noch Überwindung. Denn dies ist der endgültige Aufstieg in die Ordnung Melchisedeks, die keine weiteren Inkarnationen in physischen Körpern mehr vorsieht und möglich macht. Diese Fürsten des Himmels können jederzeit in Erscheinung treten, in einem Körper ihrer Wahl, aber sie kommen nicht mehr über eine Geburt herein und können folglich auch nicht mehr sterben. Zur Erinnerung noch einmal die Ordnung Melchisedeks:

> Hebräerbrief 7, 1-3: Denn dieser Melchisedek, König von Salem, Priester des höchsten Gottes, der dem Abraham, als er von der Niederwerfung der Könige zurückkehrte, entgegen ging und ihn segnete, welchem Abraham auch den zehnten von allem entrichtete, der fürs erste in der Übersetzung seines Namens König der Gerechtigkeit, dann aber auch König von Salem, das bedeutet König des Friedens, heißt: Ohne Vater, ohne Mutter, ohne Geschlecht, der weder einen Anfang der Tage noch ein Ende des Lebens hat, vielmehr dem Sohne Gottes ähnlich gemacht ist, bleibt Priester für immer.

Vers 21: Der Herr hat geschworen, und es wird ihn nicht gereuen: Du bist Priester in Ewigkeit.
In sofern ist Jesus auch eines besseren Bundes Bürge geworden.

Hier nun in dieser Ordnung der höchsten Himmelsfürsten, von denen es im Kosmos ja viele geben mag, denn die Erde ist wohl kaum der einzige bewohnbare Planet, der Menschenketten tragen könnte; hier wird die *silberne Schnur in Ewigkeit nicht mehr reißen,* sondern die Seele eines solchen Gottespriesters mit dem Geist Gottes verbinden – auch mit jedem Körper, den er sich wählt, falls er in Erscheinung treten will.

Die Bibel hält hier nun ein einzigartiges Beispiel bereit, nämlich Jesus nach seiner Kreuzigung und Auferstehung. Das müssen wir uns noch genauer ansehen, denn das ist so wichtig, dass alles andere an Bedeutung dahinter zurücktritt. Die Bibel bietet uns einen Einblick in einen Transformationsprozess von einem irdischen Körper in einen Himmlischen.

Markus 16, 12: Darnach aber offenbarte er sich in andrer Gestalt.

Lukas 24,30: Und es begab sich, als er mit ihnen zu Tische saß. Nahm er das Brot, sprach das Dankgebet darüber, brach es und gab es ihnen. Da wurden ihnen die Augen aufgetan, und sie erkannten ihn, und er entschwand ihren Blicken.

Johannes 20, 17: Jesus sagt zu ihr: Rühre mich nicht an; denn ich bin noch nicht zum Vater aufgefahren.

An diesen Versen erkennen wir deutlich den Übergang von dem bisherigen Leben im physischen Körper, und dem himmlischen Körper, den er beliebig verändern oder verbergen konnte.
Sicher musste er seinen Vertrauten auf diese Weise auch klar machen, dass das bisherige Leben nicht einfach so weiter gehen würde wie bisher. Besonders Maria Magdalena musste er von einer intimen Begrüßung zurückhalten. Das mag für sie und auch für seine Mutter verwirrend und enttäuschend gewesen sein. Wie sollten sie sich auch an eine Möglichkeit gewöhnen,

die im menschlichen Bewusstsein noch nicht bekannt ist? Die ganze Größe des Geschehens würden sie doch erst dann begreifen, wenn sie selber in den Himmel aufgestiegen wären.

Die Freude über sein neues Leben war dennoch zugleich mit einem Abschied verbunden. Das große Wiedersehen im Himmel finden wir mal wieder in der Offenbarung:

> Offenbarung 7, 17: Denn das Lamm, das mitten vor dem Throne steht, wird sie weiden und sie zu Wasserquellen des ewigen Lebens leiten; und Gott wird abwischen alle Tränen von ihren Augen.

Die Himmelsfürsten in der Ordnung Melchisedeks regieren den Kosmos in Verbindung mit Gott; sie müssen sich nicht mehr inkarnieren, um körperlich in Erscheinung zu treten, wie wir an der Begegnung mit Abraham erkennen können. Dennoch kennen wir in der Bibel *eine einzige Ausnahme:* nämlich die Geburt von Jesus, der von Gott gesandt wurde als Weltlehrer und Erlöser der Menschheit. Er wurde von einer Frau mit einem physischen Körper geboren, der nach der bestehenden Naturordnung eine maximale Lebensdauer von 120 Jahren erreichen könnte. Durch seinen Opfertod starb er jedoch am Kreuz mit vermutlich 33 Jahren (oder 30 Jahren). Der Hebräerbrief betont diese Ausnahme:

> Hebräerbrief 2, 17: Und deshalb musste er in allem den Brüdern gleich werden, damit er barmherzig würde und ein treuer Hoherpriester im Dienst vor Gott, um die Sünden des Volkes zu sühnen; denn weil er gelitten hat und dabei selbst versucht worden ist, vermag er denen, die versucht werden, zu helfen.
>
> Kapitel 7, 26-28: Denn ein solcher Hoherpriester geziemte uns auch, der nicht wie die Hohenpriester täglich nötig hat, zuerst für die eigenen Sünden Opfer darzubringen, dann für die des Volks; denn dies hat er *einmal* getan, als er sich selbst darbrachte. Denn das Gesetz bestellt Menschen zu Hohenpriestern, welche Schwachheit an sich haben; das Wort des Eidschwurs (Gottes) aber, der später als das Gesetz erfolgte, den Sohn, der in Ewigkeit vollendet ist.

Diese Verse sollte jeder kennen, der wirklich begreifen will, wer Jesus Christus ist. So wie die Offenbarung an Johannes auf Pathmos eine Offenbarung *von Christus* ist, so ist der Hebräerbrief eine Offenbarung *über Christus*. Beide Bücher zeigen in besonderer Weise den gesamten Gottesplan mit der Menschheit auf der Erde.

Im Licht dieser Texte ist es auch möglich, dem Geheimnis der *silbernen Schnur* und den drei Körpern des Menschen etwas näher zu kommen. Unseren physischen Körper kennen wir, unseren Traumkörper auch, und dem Geistkörper der himmlischen Welten dürfen wir uns entgegenentwickeln.

Johannes 1, 12: So viele ihn aber aufnahmen, denen gab er Anrecht darauf, Gottes Kinder zu *werden*!

Die Seele der Pflanzen

> 1. Mose, 1,11: *Die Erde lassen sprossen junges Grün.*

Ein Auftrag an ein höheres Bewusstsein, den Erzengel der Erde. Die Vielfalt der Pflanzenwelt und ihre außerordentliche Schönheit ist wohl kaum eine Leistung der Minerale im Ackerboden. Hier wird zum ersten Mal ein Wesen in die Schöpfung mit hineingenommen, was sich später noch deutlicher fortsetzt.

> Jesaja 6, 13: *Der Same ist im Stumpf.*

Außerhalb der natürlich Fortpflanzung durch Früchte und Samen wird hier ein Hinweis auf die DNS gegeben, welche sich weit länger (unter Eis Millionen von Jahren) erhalten kann.

> Jesaja 55, 12: *Und alle Bäume werden in die Hände klatschen.*

Sehr bildhafter Ausdruck für starke Freude.

> Hesekiel 31, 8-9: *Die Zedern im Gottesgarten werden eifersüchtig.*

Der seltene Fall, in dem die natürliche Entwicklung auf der Erde das astrale Modell überholt.

> Hesekiel 47, 12: *Wasser aus dem Heiligtum.*

Beispiel für Pflege mit Liebe, für die Pflanzen sehr empfänglich sind. (Tempel seid Ihr!). Ihre Früchte sind süß und ihre Blätter dienen zur Heilung.

> Jona 4, 6-10: Ein *Rizinus* entsteht an einem Tag, und verdorrt an einem Tag.

Lehrstück für Jona. Zeitraffer für die Pflanze.

Symbolische Bäume:
  Im Paradies Baum für *Leben* und Baum für *Erkenntnis von Gut und Böse.*

Matth. 21, 18-19: Jesus lässt einen *Feigenbaum* verdorren, weil er keine Frucht trug, als er ihn brauchte.

Der Feigenbaum ist ein Symbol für Israel.

Pflanzen sind unser wichtigster Nahrungsspender. Sie sind uns in der Schöpfung vorausgegangen und ohne sie wäre unser Leben auf der Erde nicht möglich. Es ist eine wirklich gute Arbeit, sich hiermit einmal anhand der Bibel zu beschäftigen. Die Teilnehmer können dabei viele eigene Erfahrungen hinzufügen.

WIEDERGEBURT UND GEISTTAUFE:
Das Angebot Christi

Nikodemus, ein Mitglied des Hohen Rates der Juden, kam nachts zu Jesus und offenbarte seine eigene Erkenntnis über ihn:

> Johannes 3, 2: ... Rabbi, wir wissen, dass du als Lehrer von Gott gekommen bist; denn niemand kann diese Zeichen tun, die du tust, es sei denn Gott mit ihm.
> Jesus antwortete und sprach zu ihm: Wahrlich, wahrlich, ich sage dir: Wenn jemand nicht von oben her geboren wird, kann er das Reich Gottes nicht sehen.
> 3,5: Wahrlich, wahrlich, ich sage dir: Wenn jemand nicht aus Wasser und Geist geboren wird, kann er nicht in das Reich Gottes kommen.

Hier steht die Taufe mit Wasser als *der eigene Schritt in die Nachfolge Christi aus freiem Willen*. Dies ist so wichtig, dass Jesus hierfür ein Ritual gestiftet hat, in dem er selbst sich einer solchen Taufe als Beispiel unterzog. Lesen wir hierzu das Zeugnis von Johannes, dem Täufer:

> Johannes 1,32: Und Johannes bezeugte: Ich habe den Geist wie eine Taube aus dem Himmel herabschweben sehen, und er blieb auf ihm. Und ich kannte ihn nicht; aber der mich sandte, mit Wasser zu taufen, der sprach zu mir: Auf, wenn du den Geist herabschweben und auf ihm bleiben siehst, der ist's, der mit heiligem Geist tauft. Und ich habe gesehen und bezeugt, dass dieser der Sohn Gottes ist.

Diese Taufe mit Wasser hat sich zur Befestigung der Religion in den letzten 2000 Jahren durchaus bewährt.

Da aber die Kirchen weitgehend dazu übergegangen sind, Kleinkinder zu taufen, die ja nicht aus eigenem Willen sich für Christus entscheiden, wird es notwendig, dieses Ritual als

Erwachsener wenigstens im Bewusstsein nachzuvollziehen. Die Möglichkeit einer Verflachung besteht sonst, und wir können sie auch bei vielen Menschen kaum übersehen. Deshalb haben die Evangelisten heute die gleiche Aufgabe wie die ersten Apostel: Menschen neu anzurühren und aufzuwecken, Christus neu zu vermitteln und die Beziehung zu Gott als größtes Abenteuer im irdischen Leben überzeugend zu erklären.

Nach einer erfolgreichen Evangelisation lassen sich immer wieder Menschen neu taufen, oder sie gehen nach vorn und bezeugen so ihren Willen vor der Menge und im gemeinsamen Gebet. An diesem Punkt sprechen wir bei einem Menschen von Wiedergeburt im Geist. Und wenn das geschehen ist, beginnen sie auch irgendwann um die Geisttaufe zu beten. Es ist der natürliche Ablauf des gewaltigsten Gottesplans mit der Menschheit dieser Erde. Schauen wir uns die vier Seiten dieses Plans einmal an:

Zuerst hören einzelne Menschen die Stimme Gottes. Sie reagieren ganz unterschiedlich: Jona rennt erst einmal weg; Gideon verlangt zwei Bestätigungen dafür, dass er auch richtig gehört hat; der Knabe Samuel läuft drei Mal durch den Tempel und glaubt, der alte Priester Eli habe ihn gerufen; Noah gehorcht und baut die Arche, trotz der lachenden Zuschauern; und auch Abraham gehorcht, als er Isaak opfern soll, woran er jedoch später gehindert wurde.

Zweitens lernt ein Modellvolk für die Menschheit das Leben mit Gott, dessen Stimme immer einzelne Auserwählte unter ihnen hören konnten. Sie erleben Wunder über Wunder; ihre Dankbarkeit hält sich jedoch in Grenzen. Aber das Volk bringt große Propheten hervor, die den Weltlehrer voraussagen.

Drittens erscheint Jesus als Christus als der Weltlehrer für die ganze Menschheit. Durch ihn wird der Weg für alle Völker zu Gott frei gemacht, und für jede einzelne Person, die ihm aus freiem Willen folgt. Die Anrührungen erfolgen durch das Wort Gottes, welches die Lehrer vermitteln. Dazu lesen wir:

> Johannes 1,11: Er kam in das Seine und die Seinen nahmen ihn nicht auf. So viele ihn aber aufnahmen, denen gab er Anrecht darauf, Gottes Kinder zu *werden.*

Viertens die Geisttaufe durch Christus bei jedem einzelnen Nachfolger nach der geistigen Wiedergeburt als die Ausstattung zum Dienst für Gott. Durch die Geistesgaben werden die Menschen erwachsen und unabhängig von Lehrern, Dogmen und Instituten. Sie leben und handeln aus ihrem Glauben und ihrer direkten Verbindung zu Gott heraus. Sie sind wissende Zeugen einer unvorstellbaren Kraft. Hier bekommen wir vielleicht eine Ahnung davon, wie eine vollendete Menschheit aussehen würde. In der Bibel steht die Zahl sieben immer wieder für die Vollendung des Gottesplans. Es beginnt mit der Schöpfungsgeschichte, taucht bei den Propheten auf und findet in der Offenbarung die endgültige Bestätigung. In den Sendschreiben an die Engel, den Siegeln, den Posaunen und den Zornschalen ist stets die Sieben an der Spitze der Entwicklung. Hier die Beispiele:

> Offenbarung 3, 21 – Sendschreiben 7, die Vereinigung mit Christus.
>
> Offenbarung 7, 17 – Siegel – Quellen des ewigen Lebens, 8,1 – Stille im Himmel.
>
> Offenbarung 10, 7 – ... in den Tagen der Stimme des siebenten Engels, wenn er posaunen wird, ist das Geheimnis Gottes vollendet.
>
> Offenbarung 15, 1 – Zornschalen ... sieben Engel, welche die sieben Plagen hatten, denn durch sie wurde der Zorn Gottes vollendet.

Wir sehen hier eine Pyramide mit vier Seiten, die sich alle in der siebenten Stufe auf der Spitze vereinigen.

Es ist wichtig, diesen gewaltigen Bau des Gottesplanes im Ganzen zu betrachten. Bei Hesekiel im Kapitel 40 wird dieser Bau als himmlischer Tempel beschrieben. Auch hier:

> Hesekiel 40, 26-27: Aufstieg auf sieben Stufen im inneren Vorhof.

Nun wenden wir uns der *Geisttaufe* zu.

Nachdem Jesus seine Zeit als Weltlehrer auf der Erde zu Ende gehen sah, begann er seine Jünger auf seine bevorstehende Kreuzigung vorzubereiten (Matthäus 26, 1-2). Er selbst dachte aber längst in den künftigen Jahrtausenden, in denen seine Nachfolger sich zu dem gewaltigen Geistkörper aus Millionen von Menschenseelen zusammenfinden würden:

> Matthäus 24, 31: Und er wird seine Engel aussenden mit starkem Posaunenschall, und sie werden seine Auserwählten versammeln von den vier Winden her, von einem Ende des Himmels bis zum anderen.

Dieser Geistkörper wird auch *Christuskörper* genannt.

> 1. Korinther 12, 27-28: Ihr aber seid Christi Leib, und als Teile betrachtet Glieder. Und Gott hat erstens die einen in der Kirche zu Aposteln bestimmt, zweitens andre zu Propheten, drittens noch andre zu Lehrern, dann Wunderkräfte, dann Gnadengaben zu Heilungen, Hilfeleistungen, Leitungen, Arten von Zungenreden.

Dieser Brief ist von Paulus, der bereits in seinem Dienst als Apostel viele Gemeinden gegründet hatte. Er führt weiter aus in diesem Brief, dass die Nachfolger Christi alle verschiedene Gaben erhalten, jedoch die Liebe untereinander das Wichtigste ist. So begannen der Ausbau und die Vergrößerung dieses Geistkörpers, der schließlich am Ende der Offenbarung Christi die *Braut Christi* genannt wird. Ein sehr schöner Vergleich, der natürlich nicht bedeutet, dass alle Mitglieder weiblich sind. Dieser schöne Vergleich steht jedoch für eine innige Liebe der Menschen zu Gott und Christus als ihr geistliches Haupt. Und so könnte man die Wiedergeburt aus Wasser und Geist (Bekehrung und Geisttaufe) sehr gut mit Verlobung und Hochzeit vergleichen. Lesen wir, wie diese Brautleute sich in der Welt verhalten:

> Offenbarung 22, 17: Und der Geist und die Braut sagen: Komm! Und wer es hört, der sage: Komm! Und wer dürstet, der komme; wer will, der nehme das Wasser des Lebens umsonst!

Dieser einzigartige Vers steht fast am Schluss der Bibel, und er zeigt wie in einem Code das ganze Geschehen: Wer es hört, der folgt nicht nur der Einladung, sondern wird selbst sofort zum

Einlader und wendet sich anderen zu, die noch draußen stehen. Er hat sofort die Vollmacht und die nötige Geistesgabe dazu! Die Voraussetzung für das Hören ist der Durst! Schon im Alten Testament haben wir eine klare Verheißung Gottes:

> Jeremia 29, 13-14: wenn ihr mich sucht, so sollt ihr mich finden; wenn ihr nach mir fragt von ganzem Herzen, so werde ich mich von euch finden lassen, spricht der Herr.

Mehr ist also nicht nötig: Dieser Durst, die innerste Sehnsucht nach einer Verbindung mit Gott, die jeder Mensch in sich trägt und irgendwann einmal spürt. Wenn er dann nicht aufgibt, sondern weitersucht, so wird er auch finden. Sollte er bereits in einer christlichen Kultur geboren worden sein, wo ihn die Eltern als Baby taufen ließen, so wird er später durch eine klare und offen bezeugte Entscheidung für Christus seine Wiedergeburt erleben. Und wir haben es schon gesehen: Was lebt, hat Hunger! Es folgt eine Zeit des Lernens und vieler neuer Erfahrungen mit Gott, im Kleinen wie im Großen. So wird die Seele erwachsen und kann nun die ganz große Einladung zur letzten Verbindung hören, die hier mit einer Hochzeit verglichen wird. Die Hochzeitsgeschenke sind dann die Geistesgaben, die teils im Voraus schon erwünscht wurden, teilweise aber auch noch eine Überraschung sind. Und wir dürfen es glauben: Da sind für jeden Nachfolger noch einige Überraschungen zu erwarten. Der ganze Gottesplan geht ohnehin weit über die Vorstellungen von Menschen hinaus.

Jesus war es in den letzten Tagen vor seiner Kreuzigung ein dringendes Anliegen, immer wieder die Jünger auf die bevorstehende Geisttaufe hinzuweisen. Und nach seiner Auferstehung gibt er einen klaren Befehl mit den entsprechenden Hinweisen auf die Wichtigkeit. Betrachten wir mal alle in dem Zusammenhang von Jesus gegebenen Hinweise in allen Evangelien und am Anfang der Apostelgeschichte:

> Matthäus 28, 18-20: Und Jesus trat hinzu, redete mit ihnen und sprach: Mir ist gegeben alle Gewalt im Himmel und auf Erden. Darum gehet hin und machet alle Völker zu Jüngern und taufet sie auf den Namen des Vaters und des Sohnes und des Heiligen Geistes.

Es ist wohl völlig klar, dass dieser gewaltige Auftrag zur Weltmission in allen Völkern Jahrhundert für Jahrhundert von Menschen erfüllt werden müsste, die sowohl wiedergeboren aus eigener Entscheidung als auch Geistgetauft waren. Wenn schon Nikodemus bei Jesus erkannte, dass solche Kräfte kein Mensch aus sicher heraus hat, sondern nur durch Gott.

Die elf Jünger, die diesen Missionsbefehl hörten (Judas Ischariot war ja ausgefallen), hätten sich wohl kaum träumen lassen, dass in den nächsten 2000 Jahren Milliarden von Menschen die Botschaft hören und annehmen würden, denn wir müssen ja jede Generation einzeln dazuzählen. In unseren Tagen kann man wohl sagen, dass rund ein Drittel der Menschheit von Christus weiß. Dazu nimmt in vielen Völkern der Dienst durch treue Helfer einen großen Raum ein. Heute haben wir große Weltorganisationen durch die christlichen Kirchen, die viel Gutes tun.

Die Zahl Zwölf wurde später durch Paulus wieder aufgefüllt. Aber nur einer von ihnen erreichte ein hohes Alter, nämlich Johannes, der erst mit 80 Jahren auf Pathmos die Offenbarung durch Christus empfing. Alle anderen, Paulus eingeschlossen, starben schon früher als Märtyrer.

Daran können wir erkennen, wie sehr der Geist in diesen Menschen gebrannt hatte, dass sie sogar ihr Leben dafür hingaben, so wie ihr Meister Jesus vor ihnen.

Drei Stellen im Johannes-Evangelium bringen es klar auf den Punkt, dass Wiedergeburt und Geisterfüllung vorliegen müssen, bevor ein berufener Diener Gottes richtig loslegen kann.

Johannes 8, 47: Wer aus Gott ist, hört die Worte Gottes.

Johannes 12, 36: Weil Ihr das Licht der Welt habet, so glaubet an das Licht, damit ihr Kinder des Lichtes *werdet*.

Johannes 1, 12: so viele ihn aber aufnahmen, denen gab er Anrecht darauf, Gottes Kinder zu *werden*.

Hier wird ein Prozess sichtbar, der immer noch im Gange ist, durch alle Zeiten und alle Völker hindurch. Und wir sind auch ein Teil davon, sonst wären wir nicht zusammengekommen, um diese Worte zu hören und neu zu verarbeiten. Und in dem zuletzt zitierten Vers bei Johannes 1,12 wird klar ausgesprochen, dass wir ein Recht darauf haben, welches uns niemand streitig machen kann. Die Geistesgaben sind die Hochzeitsgeschenke des Christus an die Braut Christi, die auf der letzten Seite der Bibel mit ihm andere einlädt, und zwar alle, aus jedem Volk, die geistig durstig und hungrig sind.

Schauen wir uns also nun die Kataloge der Geistesgaben an. Keiner wird leer ausgehen, und jeder wird genau die Gaben erhalten, die seiner Natur und seinen Fähigkeiten entsprechen. Mancher wünscht sich schon im Gebet um die Geisttaufe eine bestimmte Gabe, wieder andere lassen sich lieber überraschen.

So einfach die Gaben auch zum Teil klingen mögen – wenn Gott der Spender ist, wächst jeder Mensch über sich weit hinaus.

Der erste Katalog steht am Schluss des Markus-Evangeliums. Es sind Worte von Jesus:

> Markus 16, 17-18: An Zeichen aber werden folgende die Gläubiggewordenen begleiten: In meinem Namen werden sie Dämonen austreiben; in neuen Zungen werden sie reden;
> Schlangen werden sie aufheben, und wenn sie etwas Tödliches trinken, wird es ihnen nicht schaden; Kranken werden sie die Hände auflegen, und sie werden genesen.

Den nächsten Katalog finden wir im Römerbrief des Paulus:

> Römer 12, 4-8: Denn wie wir an einem Leib viele Glieder haben, die Glieder aber insgesamt nicht eine Verrichtung haben, so sind wir, die vielen, ein Leib in Christus, einzeln aber untereinander Glieder. Da wir aber je nach der uns verliehenen Gnade verschiedene Gnadengaben besitzen, sei es die Gabe der Rede aus Eingebung, so werde sie gebraucht nach der Maßgabe des Glaubens; sei es die Gabe der Dienstleistung, so werde sie gebraucht innerhalb der Dienstleistung; sei es die Gabe der Lehre, so werde sie gebraucht in der Lehre; sei es die Gabe des Ermahnens, so werde sie gebraucht in der Ermahnung. Wer gibt, tue es in Lauterkeit; wer die Leitung ausübt, mit Eifer; wer Barmherzigkeit übt, mit Freudigkeit.

Paulus ist hier sehr gründlich, und er zeigt, dass jede Gabe in sich bestehen soll. Es gibt noch einen anderen Katalog von Paulus in seinem Brief an die Korinther:

> 1. Korinther 12, 7-11: Jedem aber wird die Offenbarung des Geistes zum Nutzen der Gemeinde gegeben. Dem einen nämlich wird durch den Geist Weisheitsrede gegeben, einem andern aber Erkenntnisrede gemäß demselben Geist, einem andern Glaube in demselben Geist, einem andern aber Gnadengaben zu Heilungen in dem einen Geist, einem andern aber wirkungskräftige Machttaten, einem andern aber Unterscheidung der Geister, einem andern verschiedene Arten der Zungenreden, einem andern aber Auslegung der Zungenreden. Alles dies aber wirkt ein und derselbe Geist, der jedem für sich zuteilt, wie er will.

In dem ersten Katalog im Markus-Evangelium schildert Jesus verschiedene besondere Fähigkeiten durch den Geist. Im Römerbrief spricht Paulus davon, wie die Gaben gebraucht werden sollen, und im Korintherbrief betont er die Unterschiede, die durch *denselben Geist* gewirkt werden, also gleichwertig sind zum Wohl des Ganzen. Auf diese Weise kann zwischen den Geistgetauften keine Konkurrenz aufkommen, oder eine Rangordnung der Geistesgaben.

Nun dürfen wir uns also einreihen als Gläubige in diesen gewaltigen Geistkörper und unsere eigenen Hochzeitsgeschenke vertrauensvoll entgegennehmen. Sie sind uns für den Dienst an der Menschheit gegeben, an dem Platz, wo wir hingestellt wurden. Aber wir werden auch selbst unsere Freude daran haben und so mit Freude dienen. Denn irgendwann durften alle treuen Diener sich selbst zu einem schönen Mahl hinsetzen, in diesem Leben oder dem nächsten, und Jesus wird sich die Schürze umbinden, um sie zu bedienen. Das glaubt ihr nicht? Na dann hört mal zu:

> Lukas 12, 37: Wohl jenen Knechten, die der Herr, wenn er kommt, wachend finden wird! Wahrlich, ich sage euch: Er wird sich umgürten und sie heißen, sich zu Tische zu setzen, und wird hinzutreten und sie bedienen.

Nun müssen wir noch zwei andere Schlüsselverse hinzunehmen, die jeder kennen sollte, der sich mit diesem Thema befasst:

> Apostelgeschichte 10, 34 (die Corneliusgeschichte): Da tat Petrus den Mund auf und sprach: In Wahrheit werde ich inne, dass Gott nicht die Person ansieht, sondern dass in jedem Volk, wer ihn fürchtet und Gerechtigkeit übt, ihm willkommen ist.

Und zum Schluss die dringende Mahnung von Jesus, zu beten und zu warten:

> Apostelgeschichte 1, 4-5: Und als er mit ihnen zusammen war, gebot er ihnen, von Jerusalem nicht zu weichen, sondern auf die Verheißung des Vaters zu warten, die ihr (von mir) gehört habt. Denn Johannes hat mit Wasser getauft, ihr aber werdet mit heiligem Geist getauft werden nicht lange nach diesen Tagen.
>
> Weiter 1,8: Aber ihr werdet Kraft empfangen, wenn der heilige Geist über euch kommt, und werdet meine Zeugen sein in Jerusalem und in ganz Judäa und Samarien bis ans Ende der Erde.

Dieser Aufforderung von Jesus zum Abschied folgte das Ereignis zu Pfingsten, welches die Christenheit jedes Jahr neu feiert. Die Gemeinde in Jerusalem, rund 120 Männer und Frauen, betete und wartete rund acht Tage und Nächte, bis der Geist auf sie fiel. Das zweite Kapitel der Apostelgeschichte schildert dieses Ereignis sehr genau. Petrus zeigt bereits seine neuen Geisteskräfte, als er nun predigt:

> Apostelgeschichte 2, 38-39: Petrus aber sagte zu ihnen: Tut Buße, und jeder von euch lasse sich taufen auf den Namen Jesu Christi zur Vergebung eurer Sünden, so werdet ihr die Gabe des heiligen Geistes empfangen. Denn euch gilt die Verheißung und euren Kindern und allen in der Ferne, so viele der Herr, unser Gott, herzuruft.

ZAUBEREI
Ein häufiger Begriff in der Bibel

Zauberei ist *Gebrauch magischer Kräfte in Eigenmacht*. Das hat Menschen von jeher von Gott getrennt und endet schließlich mit dem Verlust der Seele. Eindringlich sind die Warnungen in der Offenbarung, die sich darauf beziehen:

> Offenbarung 9, 20-21: Und die übrigen Menschen, die durch diese Plagen nicht getötet wurden, taten nicht einmal Busse durch Abwendung von den Werken ihrer Hände, sodass sie die Dämonen und die goldenen und silbernen und die ehernen und die steinernen und die hölzernen Götzen nicht mehr angebetet hätten, die weder sehen noch hören noch gehen können, und taten nicht Busse von ihren Mordtaten, noch von ihren Zaubereien, noch von ihrer Unzucht, noch von ihren Diebstählen.

Schon lange vorher spricht Jesaja über die absurde Anbetung von Gegenständen, denen Kräfte und symbolische Bedeutung zugemessen werden:

> Jesaja 46, 6: ... sie bestellen einen Goldschmied, dass er daraus einen Gott mache, fallen nieder und beten an.
> Und weiter Jesaja 46, 15: So geht dir's mit deinen Zauberern, um die du dich mühtest seit deiner Jugend, ein jeder taumelt nach seiner Seite; keiner, der dich rettet.

Also kommen wir zurück zur Offenbarung, wo eine ganz merkwürdige Warnung steht, die sich eben auf die wahre Rettung der Seelen bezieht:

> Offenbarung 18, 23: ... und das Licht der Lampe wird nicht mehr in dir scheinen, und die Stimme des Bräutigams und der Braut wird nicht mehr in dir vernommen werden – deine Kaufleute waren nämlich die Großen der Erde – weil durch deine Zauberei alle Völker verführt

wurden; und in ihr wurde das Blut der Propheten und Heiligen gefunden und aller derer, die auf Erden hingeschlachtet worden sind.

Die Stimme von Braut und Bräutigam – also des Christuskörpers, wird nicht mehr gehört. Innerlich geht das Licht aus in diesen Menschen. Obwohl in ihrer Zeit die Rettung aller Seelen immer noch möglich ist, haben sie sich so ablenken lassen und die ganze Wahrsagerei und Zauberei (das steht mehrfach zusammen hintereinander) bevorzugt, die ihnen von Menschen mit mystischen Machtansprüchen immer wieder angetragen und verkauft werden. Die viel einfachere und unendlich größere göttliche Mystik, die alle Kräfte in sich vereint, erreicht sie nicht mehr. Sie wollen es lieber kompliziert haben. Es sieht intelligenter aus. Da gibt es viel zu lernen und zu studieren, und in manchen solcher Kreise, Logen und spiritistischen Zirkel werden auch Ränge und Titel verteilt. Alles, was die Eitelkeit der Menschen kitzelt, kommt leicht an. Aber um welchen Preis? Es ist wahrhaftig eine furchtbare Ware. Das Ende beschreibt jedenfalls die Offenbarung ganz kurz:

> Offenbarung 21, 8: Den Feiglingen aber und den Ungläubigen und Befleckten und Mördern und Unzüchtigen und Zauberern und Götzendienern und allen Lügnern ist ihr Teil in dem See, der von Feuer und Schwefel brennt, und dies ist der zweite Tod.

Wir wissen schon: Durch den ersten Tod eines physischen Körpers können wir mehrfach gehen. Unsere Seele bleibt immer erhalten. Je nach unserer Entwicklungsstufe können wir in verschiedenen jenseitigen Räumen die Zwischenzeit verbringen. Da sind die Paradiese für die Anfänger im Glauben und auf dem Weg mit Christus; da sind die Märtyrer, die in jedem Fall gleich in die himmlischen Welten aufsteigen, obwohl sie noch nicht vollendet sind; da sind die Vollendeten, die sich nicht mehr inkarnieren werden – siehe sechstes Siegel. Und da sind auch noch die Bildkammern, selbst gemachte Höllenräume, aus denen sie erst aufsteigen können, solange sie hier nicht mehr ihren Erinnerungen und Vorstellungen räuchern.

Aber der zweite Tod ist der Tod der Seele. Den Märtyrern auf der zweiten Stufe wird versprochen, dass sie diesen Tod nicht mehr erleiden können.

Nun schauen wir uns noch Beispiele in der Bibel an, wo etwas ganz konkret unter den Begriff Zauberei fällt.

Da haben wir im ersten Buch Moses die sonderbare Geschichte von Jakob, seinen Frauen Lea und Rahel und seinem Schwiegervater Laban. Es ergab sich, dass er um heimzukehren Laban fluchtartig verlassen musste. Dieser holte ihn aber ein und macht ihm Vorwürfe. Den Auszug versteht er ja, aber nicht den Diebstahl seines *Theraphim*, ein Gerät oder Würfelspiel zwecks Wahrsagerei und Orakel-Befragung:

> Nun, du bist eben weggezogen, weil dich so sehnlich nach deines Vaters Haus verlangte; aber warum hast du meinen Gott gestohlen? Jakob antwortete und sprach zu Laban: Ich fürchtete mich, den ich dachte, du würdest mir deine Töchter entreißen. Der aber, bei dem du deinen Gott findest, der soll nicht am Leben bleiben!

Erstens: Jakob hat seinen Auszug auf Weisung durch Gott veranstaltet. Er war zwar noch nicht *Israel, der Gottesstreiter, aber* er konnte Gott direkt hören. Seinen Schwiegervater und seine Ehefrauen ließ er jedoch immer noch glauben, was sie wollten. So ahnte er nicht, dass gerade seine geliebte Frau Rahel, um die er 14 Jahre gedient hatte, die Diebin war. Der Diebstahl wurde nie entdeckt, Jakob und Laban versöhnten sich mit einem Eid und einem Opfer. Für Rahel war das Orakelgerät sehr wichtig. Sie war ja damit aufgewachsen und es bedeutete ihr viel. Und doch spielten gerade ihre Söhne Joseph und Benjamin eine bedeutende Rolle in der Heilsgeschichte Israels und der Menschheit.

Joseph kam später beim Pharao in Ägypten zu hohen Ehren, weil er die Träume auslegen konnte, wo die Zauberer des Pharaos versagten. Und Benjamin brachte den ersten König Israels hervor, nämlich Saul, und später den größten Apostel der Christusnachfolger, nämlich Paulus.

Und noch ein Beispiel. Wie 400 Jahre früher Joseph musste auch Moses vor dem Pharao beweisen, dass sein Gott mächtiger war als alle Zauberer Ägyptens. Nachdem er von Gott seinen großen Auftrag gehört hatte, das Volk Israel aus der Sklaverei zu befreien, äußerte er seine Zweifel, dass der Pharao ihm glauben würde. Also musste in diesem Fall einmal Gott selbst ihm einen Zaubertrick beibringen.

Wir lesen hierzu die fast komische Geschichte, wo Gott mit ihm das in der Wüste erst einmal übt.

> 2. Mose, 4,2-4: Der Herr sprach zu ihm: Was hast du da in der Hand? Er antwortete: Einen Stab. Da sprach er: Wirf ihn auf die Erde! Und er warf ihn auf die Erde, da ward er zu einer Schlange, und Mose floh vor ihr. Aber der Herr sprach zu Mose: Strecke deine Hand und fasse sie beim Schwanze; und er streckte seine Hand aus und ergriff sie, da ward sie in seiner Hand wieder zum Stabe.

Im ganzen Kapitel 4, bis Vers 18, veranstaltete Gott mit Mose noch mehrere Übungen. Als er dann später (Kapitel 7,10) vor dem Pharao den Schlangentrick vorführte, ließ dieser sich nicht so leicht verblüffen. Lesen wir weiter:

> 2. Mose, 7,10-12: ... Aaron warf seinen Stab vor dem Pharao und seinen Leuten hin, und er ward zur Schlange. Ein jeder warf seinen Stab hin, und es wurden Schlangen daraus. Aber der Pharao ließ auch seinerseits die Weisen und Zauberer rufen, und auch sie, die ägyptischen Zauberer, taten dasselbe mit ihren geheimen Künsten, ein jeder warf seinen Stab hin und es wurden Schlangen daraus; aber Aarons Stab verschlang ihre Stäbe. Doch das Herz des Pharaos blieb verstockt, wie es der Herr vorausgesagt hatte.

Hier steckt eine Menge drin. Gott sah diesen Ausgang voraus. Dennoch musste die Vorführung geschehen, damit alle späteren Leser der Bibel begreifen, dass kein Zauberer Gott etwas vormachen kann. Dass ein Pharao jedoch, der von Jugend auf an solche Dinge gewöhnt war, nicht gleich nachgab, war verständlich. Bis zum heutigen Tage können Menschen durch Zaubereien und Wahrsagereien verblüfft und sogar überzeugt werden.

Immer bleibt entscheidend, wie groß ihr Vertrauen auf Gott und ihr Glaube wirklich sind.
Eine weitere eindrucksvolle Vorführung von der Allmacht Gottes finden wir im 1. Könige, Kapitel 18.

Im Land herrschte Ahab als König von Juda. Er hatte Isebel geheiratet, die mit ihren Baalspriestern ins Land kam. Sie ließ die israelischen Priester verfolgen und töten, und Ahab selbst betete Baal an. Aber einen Propheten hatten sie doch noch: Elia! Gott gebrauchte ihn für Zeichen und Wunder, bis er schließlich die große Machtprobe gegen die Baalspriester am Berg Karmel vorführen musste.

Man baute einen Altar, nahm ein Opfertier, und die Baalspriester begannen, um Feuer zu beten, welches vom Himmel fallen sollte und das Opfer verzehren. Und sie ritzten sich, bis das Blut an ihnen herabfloss. Nichts geschah.
Dann kam Elia an die Reihe. Er zog einen Graben rundherum und füllte ihn mit Wasser. Er übergoss den Altar und das Opfertier und legte zwölf Steine dazu nach der Zahl der Stämme. Er betete nur kurz:

1. Könige, 18, 37-39: Erhöre mich, o Herr, erhöre mich! Damit dieses Volk erkenne, dass du, o Herr, der wahre Gott bist und dass du ihr Herz herumgewendet hast. Da fiel das Feuer des Herrn herab und verzehrte das Brandopfer und den Holzstoß, die Steine und den Erdboden auch das Wasser im Graben leckte es auf. Als das Volk das sah, fielen sie alle auf ihr Angesicht und riefen: Der Herr ist Gott! Der Herr ist Gott!

Gott hatte sich für diese Demonstration entschieden; sie steht ja für alle Zeit in der Bibel. Ein Mensch aber, der daran glauben kann, dass Gott das Universum erschaffen hat, mit allem was darinnen ist, wird das nicht brauchen. Er muss nur lernen zu unterscheiden, was Zauberer zuwege bringen können und was für allezeit Gott allein möglich sein würde.

Keiner versteht das besser als der Satan, der große Gegenspieler des Christus, der immer noch versucht, einige Seelen zu verführen und auf seine Seite zu ziehen. Deshalb gibt es bei dem großen

Gipfeltreffen der beiden auch drei teuflische Versuchungen in der Liebe an den Christus. Zuerst Brot für die Welt – eine echte Versuchung, wo es viel Armut gibt. Die Antwort von Jesus kennen wir. Aber dann die zweite Versuchung: Übernahme der Weltregierung ... »wenn du niederfällst und mich anbetest«. Und schließlich soll er sich von einem Turm herabschweben lassen und den Menschen somit einen unwiderlegbaren Beweis geben, nach dem sie doch alle rufen. Auch hier bekommt der Satan eine Abfuhr.

Jesus wusste doch, dass er Tote erwecken und Blinde und Lahme heilen konnte. Aber wozu noch ein anderer Glaubensbeweis nach Art der Zauberer? Heute würde man schnell sagen, dies sei eine fabelhafte Laserschau, bestenfalls eine Massenhypnose. Das ist ja alles schon so bekannt.

Deshalb müssen wir uns immer wieder selbst prüfen, worauf wir hereinfallen könnten und worauf nicht. Es sind echte Versuchungen, und sie sind durchaus intelligent dargeboten. Aber sie können uns von Gott trennen und am Ende sogar die Seele kosten. Lieber gleich »nein« sagen. Und zum Abschluss sollten wir noch unseren bekannten Vers bedenken:

> 5. Mose, 18, 10-12: Es soll in deiner Mitte keiner gefunden werden, der seinen Sohn oder seine Tochter durchs Feuer gehen lässt, kein Wahrsager, Zeichendeuter, Schlangenbeschwörer oder Zauberer, kein Bannsprecher oder Geisterbeschwörer, keiner, der Wahrsagegeister befragt oder sich an die Toten wendet. Denn ein Gräuel ist dem Herrn ein jeder, der solches tut.

Erziehungsgeschichte der Menschheit
Eine Betrachtung anhand der Bibel

Der auf der Astralebene geborene Mensch *(Erschaffung der Seele im zweiten Schöpfungstag – Paradieslegende)* lebte in Harmonie und in der Gegenwart Gottes. Er verließ das Paradies, um Erkenntnis von Gut und Böse zu erlangen, damit er dann schließlich auf die Kausalebene aufsteigen kann (die himmlischen Welten). Gott selbst hat die Schlange als Versucher für die verbotene Frucht in das Paradies hineingesetzt, damit der Mensch nicht für immer hier hängen bleibt, sondern einmal sein Erbe und Kind wird.

(Johannes 1, 12: So viele ihn aber aufnahmen, denen gab er Anrecht darauf, Gottes Kinder zu *werden*.)

Nun auf der Erde als Mann oder Frau inkarniert, lebte der Mensch immer noch unter einer Gottesführung, ohne Vermittler, Priester, Richter oder König. Er rief ihn direkt an und weihte ihm seine Opfer.

Nach dem Bund mit Noah begann unser heutiges Zeitalter. Das Lebensalter für Menschen wurde auf maximal 120 Jahre verkürzt, Fleisch wurde zur Nahrung gegeben, Naturgesetze wurden umgestellt. Die Verbindung mit Gott ließ nach. Der Mensch brauchte Richter, vor denen er klagen konnte und die ihm Recht verschafften. Die Richter waren zunächst noch identisch mit den Hohen Priestern, also mit den Menschen, die noch die letzte Verbindung mit Gott hatten. Aber auch sie waren bald keine Vorbilder mehr.

(1. Samuel 8, 5: ... deine Söhne wandeln nicht in deinen Wegen. So setze nun einen König über uns, dass er uns regiere.)

Das war der nächste Schritt, der den Hohen Priester Samuel zur Verzweiflung brachte. Die Menschen in Israel orientierten sich an den anderen Völkern, die Gott nicht kannten, sie wollten Glanz,

Macht und Autorität, die man sehen und berühren konnte. So kamen sie zu ihrem ersten König: Saul. Allerdings war auch er wie noch einige Könige nach ihm ein »Gesalbter Gottes«, also auch ein Hoher Priester. Aber sie übten Macht aus, anders als die Richter zuvor, denen es zuerst um die Gerechtigkeit ging.

Nächster Schritt: Die Könige verloren die Verbindung mit Gott. Gewalt begann zu herrschen. Der Druck wurde immer größer. Auch die Priester missbrauchten ihre Macht. Jetzt war der Mensch allein, Gewalten ausgeliefert, von falschen Hirten geführt, von Gott getrennt. Es wurde Zeit, dass der von Gott gesandte Weltlehrer auf die Erde kam. Es wurde Zeit für Jesus.

Und er kam. Er brachte ihnen das Bewusstsein von Freiheit und das Recht, Gott direkt anzurufen, ohne Vermittler. Er setzte verschiedene Modelle für die Lehrtätigkeit: Im kleinen Kreis von zwölf Jüngern, in einer größeren Gemeinde, die mit ihm im Land herumreiste und schließlich auf dem freiem Feld vor 5000 Menschen. Dazu gab es einzelne Gespräche mit Männern und Frauen. Heilungen, Totenerweckungen und Austreibungen von Dämonen dienten ihm als Beweis für seine göttliche Vollmacht, die er an erster Stelle gebrauchte, um Sünden zu vergeben und so den Weg zu Gott für jede einzelne Seele wieder frei zu machen.

> (Lukas 5, 24: Damit ihr aber wisst, dass der Sohn des Menschen Macht hat, auf Erden Sünden zu vergeben – sprach er zu dem Gelähmten: Steh auf.)

Leider erkannten ihn die Menschen in Israel trotzdem nicht als den verheißenen Messias. So kam es zur Kreuzigung. Jesus opferte sich, und der Vorhang im Tempel zerriss. Dahinter stand die Bundeslade. In diesen Raum durfte auch der Hohe Priester nur an hohen Feiertagen und nach besonderen Reinigunsritualen treten. Nun war das Allerheiligste wieder frei geworden. Nun dürfen wir alle – wie die Priester – Gott direkt anrufen, wie es die Menschen nach ihrer Paradiesaustreibung zuerst auch noch taten. Wir sind nun wieder in einer aufsteigenden Linie, einer neuen Evolution, die mit Christus über die Paradiese hinaus führt bis in die himmlischen Welten.

Wir haben bereits die Könige wieder hinter uns gelassen, bis auf auslaufende Erscheinungsformen, die keine uneingeschränkte Macht mehr haben, sondern von gewählten Regierenden kontrolliert werden. Wir machen uns von Priestern frei, die machtvolle Institutionen vertreten und eigene Regeln erschaffen haben. Wir finden uns in spirituellen Gruppen zusammen, lesen selbst die Bibel und lassen uns geistlich erziehen. Mit der Wiedergeburt des Christusbewusstseins in uns können wir nun in direkter Verbindung mit Gott den letzten Rückweg antreten. Die Erkenntnis von Gut und Böse, die zu erlangen wir ja ausgezogen waren, nehmen wir nun mit hinauf.

In der nachtodlichen Phase werden wir in der Astralwelt unsere paradiesische Erholung haben (siehe Sendschreiben zu Ephesus, Offenbarung) und uns an Harmonie satt trinken können. Dann geht der Aufstieg weiter, dorthin, wo Christus die ihm von Gott anvertraute Menschheit weise richtet und regiert und von wo aus er die Nachfolgenden weiter unterrichtet und auf allen Stufen helfend betreut. Die zu ihm gehören, werden die göttliche Einladung mit ihm weitertragen:

> Offenbarung 22,17: Und der Geist und die Braut sprechen: Komm! Und wer es hört, der sage: Komm! Und wer dürstet, der komme; wer will, der nehme das Wasser des Lebens umsonst!

Nach diesem kosmischen Plan Gottes sind wir alle zu einem Lauf berufen, für den nichts Geringeres als die Welt erschaffen wurde. Dies ist das Drama der freiwilligen Gotteskindschaft, der Erziehungsweg unseres himmlischen Vaters mit uns – und die nicht gerade einfache Liebesgeschichte zwischen Gott und seiner Menschheit.

Hiobs Freunde und die Karmafrage

Ein Seminar über das Buch Hiob aus der Bibel im Zusammenhang mit Goethes »Faust«.

Die dramatische Geschichte Hiobs in der Bibel stellt die letzten Prüfungen einer hohen Seele bei ihrer Reise durch diese Welt dar. Mitten in einem gesegneten Leben erfährt Hiob den Umbruch in das unerklärliche und unfassbare Schicksal.

Das Buch beginnt im Himmel mit einer Herausforderung Satans an Gott. Das hat auch Goethe so fasziniert, dass er sich diesen Einstieg als Prolog für seinen Faust ausgeliehen hat, denn auch dieses Buch stellt ja die letzten großen Prüfungen eines Menschen dar, den sonst nichts mehr umwerfen kann. Um die Dimensionen zwischen Himmel, Astralwelt und Physis schon am Anfang klarzumachen, fügt er noch den Gesang von drei Erzengeln hinzu und später im zweiten Teil den Abstieg des Faust in die Unterwelt.

Während der Satan beim Faust zunächst mit Bestechung vorgeht, und versucht, ihn erneut mit allen Freuden dieser Welt zu verführen, geht er bei Hiob den umgekehrten Werg über den Verlust aller Freude in diesem Leben. Die Unglücksboten verkünden Hiob nacheinander den Verlust von seinem Besitz, seiner Existenz, seinen Kindern, der Loyalität seiner Ehefrau und schließlich verliert er noch seine Gesundheit. Darüber hinaus gibt es nur noch den Tod, den sich Hiob durchaus herbeisehnt. Jedoch kein Verlust in dieser Welt wirft diesen fast unbeugsamen Mann um. Er hadert nicht, sondern ergibt sich in sein Schicksal. Über diese Tatsache dürfen wir nicht zu schnell hinweggehen, denn hier kann jeder selbst prüfen, wie weit er zu solchen Ablösungen fähig wäre.

Dann jedoch kommt die einzige Prüfung, die Hiob vorübergehend in die Knie zwingt und ihn in der Verzweiflung seiner Seele

Gott anklagen lässt. Es sind seine drei frommen Freunde mit der Karmafrage: »Nun denk doch einmal nach, etwas musst du doch verbrochen haben! Gott ist gerecht und straft niemanden ohne Grund.«

Bis nun durch die Dialoge mit den Freunden in Hiob der letzte Durchbruch erfolgt, beginnt ein hartes Ringen um die Frage, *ob man auch ohne Schuld in dieser Welt leiden kann oder ob man solche Schicksalsschläge grundsätzlich als Karma anzusehen hat.* Erst als ein geheimnisvoller vierter Freund, der Elihu auftaucht, den ich als das Überbewusstsein Hiobs deute, hört der irdische Mensch Hiob auf zu klagen, und sein Dialog mit Gott kann beginnen. Hier wird das Buch zur Erleuchtungsgeschichte.

Vor seine Wiederherstellung wird noch eine letzte Prüfung gesetzt: die Vergebung für seine Freunde, die nicht Recht geredet hatten. Hier sehen wir schon einen Vorschatten auf das Gnadenprinzip des Christus, in dem sich jedes Karma auflöst.

Nach Hiobs irdischem Tod gehen wir noch einmal hinüber zu Faust, wo Goethe seinen am Ende siegreichen Helden zum Himmel fahren lässt. Dort muss er zunächst niedere Astralregionen durchlaufen, bis er schließlich nach oben gezogen wird. Beide Bücher befassen sich mit dem Lauf jeder einzelnen Menschenseele durch Zeit und Raum, durch Körper, Seele und Geist, mit Bewährungsproben unterschiedlichster Art, in Physis, Astralwelt und himmlischen Welten. Einen größeren Stoff kann es kaum geben. Es lohnt sich, in meditativer Atmosphäre sich damit einmal gründlich zu befassen. Jeder Teilnehmer kann hierbei mehr über seinen persönlichen Standort auf der großen Reise erfahren.

WAS WIRKLICH LIEBE IST

> 1. Korintherbrief, Kapitel 13, Vers 4-8: Die Liebe ist langmütig, sie ist gütig; die Liebe eifert nicht, sie bläht sich nicht auf, sie tut nichts Unschickliches, sie sucht nicht das Ihre, sie lässt sich nicht erbittern, sie rechnet das Böse nicht an; sie freut sich nicht über die Ungerechtigkeit, sie freut sich aber mit der Wahrheit; sie erträgt alles, sie glaubt alles, sie hofft alles, sie erduldet alles. Die Liebe vergeht niemals.

Diese weltberühmten Verse aus der Bibel, aus dem Brief des Paulus an die Korinther, werden oft zitiert. Und doch kann man immer wieder etwas Neues entdecken in diesem unerschöpflichen Brunnen.

Jeder Mensch kann sich an diesen Versen selbst messen und überprüfen.

Da wird sehr viel verlangt! Eine unendliche Geduld, die von dem Verhalten der geliebten Person völlig unabhängig ist.

Jeder Mensch, der liebt, kann auch einmal bitter werden. Er kann betrogen und verlassen werden, in Verbindung mit Lügen und Ungerechtigkeiten. Das wirft ihn aber nicht um in seiner Liebe.

Hier geht um jede Form von Liebe – zwischen Partnern, Eltern und Kindern, Geschwistern und Freunden.

Was auch immer geschieht, der Liebende vertraut auf die Wahrheit, hofft und duldet weiter, glaubt an das Gute in der geliebten Person, unerschütterlich. Und er erhält dafür einen großen Lohn, wenn auch nicht immer in dieser Welt: Dieser Lohn steht im letzten Satz des Abschnitts, Vers 8: *Die Liebe vergeht niemals.*

Sie reicht sogar über den Tod hinaus. Die ganze Ewigkeit liegt darin, und es gibt wohl keinen höheren Trost für enttäuschte Liebende.

... sie freut sich aber an der Wahrheit: Hier muss mehr gemeint sein als nur die Ehrlichkeit einer geliebten Person. Frisch Verliebten wirft man manchmal vor, sie hätten eine rosa Brille auf und würden Vorzüge sehen, die der andere in dem Maße kaum hat. Aber es ist gut möglich, dass allein die Brille der Liebe die volle

Wahrheit über einen anderen Menschen erkennt. Dies gilt besonders für die Liebe von Müttern zu ihren Kindern. Jeder Mensch ist ein Werdender, der in einem langen Entwicklungsprozess seiner Reife bis zur Vollendung entgegengeht. Der Liebende mit seiner rosa Brille sieht den andern, wie er fertig ist, wie lange es auch dauern mag.

Denken wir in diesem Zusammenhang auch noch an den herrlichen Vers in der Offenbarung, den letzten Satz im Kapitel 7: *... und Gott wird alle Tränen abwischen von ihren Augen.*

Traut sich jemand zu, dass er Christus angehöre …?

2. Korinther 10, 7

Auf diese Frage sollte man eine genaue Antwort wissen, und vor allem sollte man die Bedeutung des Christus kennen, ebenso wie die des Christuskörpers aus Menschenseelen, der in der Offenbarung auch die »Braut Christi« genannt wird.

Auch der Vergleich eines Tempelbaus aus »lebendigen Steinen«, also aus Menschenseelen, trifft hier zu.

> 1. Petrusbrief 2, 4-5: Zu ihm tretet hinzu, dem lebendigen Stein, der von den Menschen zwar verworfen von Gott aber auserwählt und kostbar ist, und lasset euch selbst wie lebendige Steine aufbauen als ein geistliches Haus zu einer heiligen Priesterschaft, um geistliche Opfer darzubringen, die Gott angenehm sind durch Jesus Christus.

Ich glaube, die Freimaurer bezogen Ihren Leitspruch aus dieser Bibelstelle. Einen weiteren wichtigen Hinweis finden wir:

> Apostelgeschichte 17, 24: Gott, der die Welt geschaffen hat und alles, was darin ist, wohnt nicht in Tempeln, die mit Händen gemacht sind.

Und schließlich hören wir noch Jesus hierzu:

> Lukas 17, 21 (Luthertext): Das Reich Gottes kommt nicht mit äußerlichen Gebärden; man wird auch nicht sagen: Sie hier! Oder: Da ist es! Denn sehet, das Reich Gottes ist inwendig in euch!

Damit haben wir eine ausreichende Vorstellung davon, dass der »Christuskörper« ein Millionen-Seelen-Körper ist, der durch die Zeiten hindurch gesammelt wird aus denen, die sich aus freiem Willen für den Weg zu Gott mit Christus entscheiden. Der Ausspruch von Jesus ist hier wieder einmal der wichtigste. Er macht uns vollkommen klar, dass wir nicht nach einem Ort suchen sollen, von wo aus seine Kirche zentral regiert wird, mit den entsprechenden Machtansprüchen einer von Menschen verordneten Priesterschaft. Denn bei jedem echten Nachfolger Christi wohnt der Geist in ihm, und dieser macht ihn selbst zum Priester und Zeugen für andere. So drückt es Petrus aus: »*ein geistliches Haus zu einer heiligen Priesterschaft*«. Und das macht ja auch Sinn, wenn wir uns den Missionsbefehl von Jesus beim Abschied im Matthäus-Evangelium anhören:

> Matth. 28, 19-20: Darum gehet hin und lehret alle Völker, und taufet sie im Namen des Sohnes und des Vaters und des Heiligen Geistes, und lehret sie alles halten, was ich euch befohlen habe. Und siehe, ich bin bei euch bis an der Welt Ende.

Es ist vollkommen eindeutig: Der Christuskörper wird nicht zentral gesteuert, sondern in allen Völkern der Erde aus Menschenseelen aufgebaut zu einem unsichtbaren Tempel, der nicht mit Händen gemacht wurde!

Ohne Ansehen der Person, der Volkszugehörigkeit oder Rasse – hier wird auf der ganzen Erde gesammelt:

> Offenbarung 7, 9: Darnach schaute ich auf, und siehe da, eine große Menge, die niemand zählen konnte, aus allen Nationen und Stämmen und Völkern und Sprachen, die vor dem Thron und vor dem Lamm stand, angetan mit weißen Kleidern und Palmen in den Händen.

Diese interessante Aufzählung deckt alles ab, große und kleine Gruppen, Inselvölker, Sprachgruppen und ein Völkergemisch in den großen Nationen. Wenn wir uns diesen gewaltigen Gottesplan mit der Menschheit auf dieser Erde näher ansehen wollen, müssen wir genau die Anweisungen betrachten, die uns durch Christus zur Erfüllung des Plans gegeben wurden. Hierzu zuerst:

> Johannes 3, 31-36: Wer von oben herkommt, der ist über allen; wer von der Erde her stammt, der stammt von der Erde her und redet von der Erde her; wer vom Himmel her kommt, der ist über allen. Was er gesehen und gehört hat, das bezeugt er, und sein Zeugnis nimmt niemand an.

Hier unterbrechen wir kurz, um das Verständnis von Jesus für den begrenzten Horizont der Erdenmenschen zu zeigen. Er macht regelrecht deutlich, wie hier verschiedene Welten mit unterschiedlichem Wissen aufeinandertreffen. Zugleich ist es aber auch ein Hinweis, welche Gnade es für diejenigen ist, die trotz allem sein Zeugnis im Glauben annehmen und somit an einer außergewöhnlichen Erleuchtung teilhaben. Allerdings werden sie dann mit den übrigen Erdenmenschen die gleichen Probleme haben, sie zu überzeugen, bis hin zum Erleiden von Verfolgung und Märtyrertod. Wenden wir uns jetzt also dieser Gruppe zu: (weiter ab Vers 32):

> Wer sein Zeugnis angenommen hat, der hat bestätigt, dass Gott wahrhaftig ist. Denn der, den Gott gesandt hat, redet die Worte Gottes; denn nicht nach begrenztem Maß gibt er den Geist. Der Vater liebt den Sohn und hat alles in seine Hand gegeben.

Wer bis hierher mit seinem Glauben folgen kann, der glaubt an eine Inkarnation aus den himmlischen Welten, an einen bevollmächtigten Boten Gottes vom Schöpfer des Universums, dessen Geschöpfe wir alle sind. Er ist nun bereit für den Weg mit Christus zu Gott, mit dem sich kein anderer Lebensweg auf der Erde vergleichen lässt. Damit kommen wir nun zum Vers 36 in diesem Abschnitt, der längst zu einem unserer Lieblingsverse geworden ist in unserer Bibelgruppe und der uns immer wieder zu weiteren Nachforschungen anregt:

> Johannes 3,36: Wer an den Sohn glaubt, der hat ewiges Leben; Wer aber dem Sohne nicht gehorcht, wird das Leben nicht sehen, sondern der Zorn Gottes bleibt über ihm.

Was für eine Kombination! Der Glaube allein bestätigt den Menschen schon als Teilhaber des ewigen Lebens. Er hat es bereits, wie immer seine weiteren Schritte noch aussehen mögen. Aber nun muss er seinem Meister Christus auch gehorchen, und dazu muss er genau wissen, was jetzt von ihm verlangt wird.

Der Bau des Christuskörpers aus Millionen von Seelen, die ihn im Glauben angenommen haben, am besten in einem deutlichen Schritt unter Zeugen, geht bis jetzt erst über 2000 Jahre, unsere Astrologen nennen diese Zeit das Fische-Zeitalter. Inzwischen haben wir das Wassermannzeitalter begonnen, also die nächsten 2000 Jahre, und wie es aussieht, stehen wir noch immer am Anfang. Allerdings sieht es so aus, als ob zurzeit wieder Erweckungsbewegungen auf der ganzen Erde im Gange sind. Es lohnt sich auch, die letzten 2000 Jahre der Erdgeschichte in allen Völkern gut zu betrachten. Dann sehen wir, welche Entwicklungen die Menschen durchgemacht haben, durch wieviele Kriege, wissenschaftliche Erkenntnisse, durch welche Kulturbewegungen sie gegangen sind. Deshalb darf man wohl schon sagen – kennen sich die Völker besser untereinander, sie beginnen Vorurteile zu überwinden, ebenso Machtansprüche für Rassen, Sprachgruppen und Völker. Nationen schließen sich aus mehreren Völkern zusammen, der weltweite Handel verbindet alle Menschen; durch ihr handwerkliches Können wächst der gegenseitige Respekt. Das sind gute Voraussetzungen für die Weiterentwicklung des großen Geistkörpers. Denn die Fähigkeiten, die damit für die Menschen verbunden sind, kann niemand erlernen. Wir haben es ja gerade gehört: ... *denn nicht nach begrenztem Maß gibt er den Geist.*

Weder Jesus, noch Petrus, noch Paulus – und alle späteren Nachfolger – mussten eine Universität besuchen, um zu lernen, wie man Tote erweckt, Leprakranke heilt oder Prophezeiungen ausspricht. Der Geist ist schon perfekt von Anfang an, und die ihn empfangen, erhalten perfekte Geistesgaben. Damit kommen wir nun wieder zu unserem *Schlüsselvers Johannes 3,36* mit der Frage: Worin müssen wir nun gehorchen, nachdem wir im Glauben Christus angenommen haben?

So fragte auch Paulus die Epheser rund heraus:

Apostelgeschichte 19,2: Habt ihr, als ihr gläubig wurdet, den heiligen Geist empfangen? Sie antworteten ihm: Nein, wir haben nicht einmal gehört, ob es einen Heiligen Geist gebe.

Nun, so können wir heute nicht mehr antworten, denn wir haben es gehört, dass es den Heiligen Geist gibt und dass wir darum bitten sollen. Dennoch können wir klar sehen, dass dieses Wissen in christlichen Kirchen rund um die Erde zum Teil wieder verloren gegangen ist. Es muss neu entdeckt werden, was aber durch einige Evangelisten schon weltweit geschieht.

Schlüsselworte in der Bibel

Es gibt besondere Schlüsselworte, die ein Werkzeug sind für jeden, der sie auswendig kennt. Ganz unverhofft in einem Gespräch stößt man auf eine Frage, die durch solche Schlüsselworte klar beantwortet werden kann.

Ganz besonders im Gespräch mit Fremden wird es wichtig sein, die eigene Treue am Wort zu beweisen und nicht blind Behauptungen aufzustellen, die niemand nachlesen kann. Auf diese Weise offenbart sich die Bibel auch als eine gemeinsame Quelle und Orientierung, die mit keinem noch so guten Bildungsstand vergleichbar ist.

Diese Welt ist, wie wir alle wissen, nicht das Paradies. Keine Blümchenwiese, auf der jeder ohne Probleme in Frieden leben kann. Seit es Menschen gibt, verzeichnen wir Kriege und Kämpfe ohne Ende, um irdische und geistige Territorien. Raum zum leben, zur Ernährung, um Jagdgründe und Klimazonen, aber auch um Kulturen, Weltanschauungen und Religionen.

Die Bibel kennt sie alle. Sie ist das einzige und unvergleichbare Werk, welches uns mit dem Schöpfer, der Schöpfung und den Schicksalen der Geschöpfe bekannt macht. Vom Anbeginn der Welt bis in die fernste Zukunft.

Die Bibel kann jede Frage beantworten. Das gilt für persönliche Entfaltung von Menschen ebenso wie für die Entwicklung von Völkern.

Füllen wir also unser unsichtbares Reisegepäck mit Schlüsselworten, welche sich als ein Reichtum erweisen, der größer ist als jede andere Währung. Ein Schatz, den nicht Rost noch Motten fressen. Da hätten wir gleich das erste: Die Reihenfolge unserer Sammlung wird nicht in der Reihenfolge der biblischen Bücher stehen. So sind wir immer frei, etwas hinzuzufügen, was uns gerade besonders anspricht. Wir können aber auch nach Themen vorgehen und uns zusammenstellen, was das Ganze deutlicher macht.

Matthäus 6, 20. Jesus:
Sammelt euch vielmehr Schätze im Himmel, wo weder Rost noch Motten sie fressen.

Lukas 6, 19:
Und alles Volk suchte ihn anzurühren, denn eine Kraft ging von ihm aus und heilte alle.

Johannes 3, 36:
Wer an den Sohn glaubt, hat ewiges Leben. Wer aber dem Sohn nicht gehorcht, wird das Leben nicht sehen, sondern der Zorn Gottes bleibt über ihm.

Diese ersten drei haben eine klare Reihenfolge im Erwachen eines Menschen zu Gott. Streben nach Erkenntnis, dann sich ausstrecken nach Berührung und schließlich klare Glaubensentscheidung und die Konsequenzen.

Sehen wir uns nun die Schlüsselworte nach der Auferstehung Christi vor und nach Pfingsten an:

Johannes 14, 227–28:
Frieden lasse ich euch zurück, meinen Frieden gebe ich euch. Euer Herz lasse sich nicht beunruhigen und verzage nicht. Ihr habt gehört, dass ich euch gesagt habe: Ich gehe hin und komme zu euch. Wenn ihr mich liebtet, hättet ihr euch gefreut, dass ich zum Vater gehe, denn der Vater ist größer als ich!

Und nun noch vier große Meilensteine in der Bibel, welche den ganzen Gottesplan für die Menschheit der Erde erkennen lassen:

Der Bund mit Noah, 1. Mose 8,22: Solange die Erde steht, soll nicht aufhören Saat und Ernte, Frost und Hitze, Sommer und Winter, Tag und Nacht.

Alle Bewegungen der Erde sind hierin enthalten und alle Voraussetzungen für Leben.

Die Ordnung Melchisedeks, Hebräerbrief 7,3: Ohne Vater, ohne Mutter, ohne Geschlecht und hat weder Anfang der Tage noch Ende des Lebens, er ist aber verglichen dem Sohne Gottes und bleibt Priester in Ewigkeit.

Endgültiger Status der Mitglieder des Christuskörpers (die Braut Christi), wenn sie die Vollendung in der siebten Stufe erreicht haben (siehe Sendschreiben an Laodicea, nächster Vers).

Vollendung in Christus, Offenbarung 3,21-22: Wer überwindet, dem will ich verleihen, mit mir auf meinem Thron zu sitzen, wie auch ich überwunden und mich mit meinem Vater auf seinen Thron gesetzt habe. Wer ein Ohr hat, der höre, was der Geist den Gemeinden sagt.

So wie Jesus in Gott vollendet wurde, werden seine Nachfolger in ihm vollendet.

Die große Einladung an alle Menschen: Offenbarung 22,17: Und der Geist und die Braut sagen: Komm! Und wer es hört, der sage: Komm! Und wer dürstet, der komme; wer will, der nehme das Wasser des Lebens umsonst!

Wer immer die Einladung hört, wird sofort selbst zum Einlader und nimmt andere mit.

Weihnachten

Wieder ist ein Jahr vergangen, und wir stellen uns erneut die Aufgabe, die Bedeutung unseres schönsten Festes besser zu verstehen. Christus wurde geboren – vor 2007 Jahren, denn unsere gesamte Zeitrechnung zählt von diesem Tag an, vor und nach seiner Geburt. Wir leben nun in einer Zeit, wo sich die Christen neu sammeln und zu ihrer Religion bekennen müssen. Hören wir deshalb die Warnung des Apostels Johannes in seinem zweiten Brief:

> Denn viele Irrlehrer sind in die Welt ausgegangen, die Jesus Christus nicht als den bekennen, der im Fleisch kommt. Dies ist der Irrlehrer und der Widerchrist. Achtet auf euch selbst, damit ihr nicht verliert, was wir erarbeitet haben, sondern den vollen Lohn empfangt. Jeder, der zu weit geht, und nicht in der Lehre des Christus bleibt, hat Gott nicht; wer in der Lehre bleibt, der hat sowohl den Vater als den Sohn.

Wohl niemand möchte Weihnachten verlieren, aber die Warnung sagt, wir könnten auch die Verbindung zu Gott verlieren, wenn wir die Geburt von Christus als Mensch im Fleisch darüber vergessen. Machen wir uns also an unsere erneute Betrachtung des Gottesplanes, der mit Christus eingeleitet wurde:

> 1. Korintherbrief, Kapitel 15: Vers 40: Und es gibt himmlische Leiber und irdische Leiber; aber anders ist der Glanz der himmlischen, anders der der irdischen.
> Vers 44-49: Es wird gesät ein natürlicher Leib; es wird auferweckt ein geistiger Leib. Gibt es einen natürlichen Leib, so gibt es auch einen geistigen. So steht auch geschrieben: Der erste Mensch, Adam, wurde zu einer lebendigen Seele, der letzte Adam zu einem lebendig machenden Geiste. Der erste Mensch ist von der Erde, der zweite Mensch ist vom Himmel. Wie der irdische, so sind auch die irdischen beschaffen; und wie der himmlische, so sind auch die himmlischen beschaffen; und wie wir das Bild des

irdischen getragen haben, werden wir auch das Bild des himmlischen tragen.

Vers 53: Denn dieses Verwesliche muss anziehen Unverweslichkeit, und dieses Sterbliche muss anziehen Unsterblichkeit.

Das gilt also für uns, wenn wir das Angebot Gottes durch Christus angenommen haben. Für Jesus selbst sah das etwas anders aus. Genau genommen umgekehrt:

> Philipperbrief 2, 5-10: Diese Gesinnung heget in euch, die auch in Jesus Christus war, der, als er in Gottes Gestalt war, es nicht für einen Raub hielt, wie Gott zu sein, sondern sich selbst entäußerte, indem er Knechtsgestalt annahm und den Menschen ähnlich wurde; und der Erscheinung nach wie ein Mensch erfunden, erniedrigte er sich selbst und wurde gehorsam bis zum Tode, ja, bis zum Tode am Kreuz. Daher hat ihn auch Gott über die Maßen erhöht, und ihm den Namen geschenkt, der über jeden Namen ist, damit in dem Namen Jesu sich beuge jedes Knie derer, die im Himmel und auf der Erde und unter der Erde sind, und jede Zunge bekenne, das Jesus Christus der Herr ist, zur Ehre Gottes, des Vaters.

Das waren Worte des Paulus in seinem Brief an die Philipper. Nun hören wir noch Jesus selbst dazu:

> Johannes 3, 31-34: Wer von oben her kommt, der ist über allen; wer von der Erde her stammt, der stammt von der Erde her und redet von der Erde her; wer vom Himmel her kommt, der ist über allen. Was er gesehen und gehört hat, das bezeugt er, und sein Zeugnis nimmt niemand an. Wer sein Zeugnis angenommen hat, der hat bestätigt, dass Gott wahrhaftig ist. Denn der, den Gott gesandt hat, redet die Worte Gottes, denn nicht nach begrenztem Maß gibt er den Geist.

Hier haben wir also in kurzer Zusammenfassung das ganze Drama des Gottesplanes für diese Menschheit mit dem Ziel, sterbliche Wesen in himmlische zu transformieren, so wie es Christus vorgemacht hat. Er kam von oben, wurde ein sterblicher Mensch, treu bis in den Tod, und schenkte uns ein kaum fassbares Evangelium. Wer immer sich entscheidet, dieses Angebot anzunehmen, wird als »Braut Christi« selbst zum Einlader für das himmlische Abschlussfest:

> Offenbarung 22, 17: Und der Geist und die Braut sprechen komm! Und wer es hört, der sage: Komm! Und wer dürstet, der komme; wer will, der nehme das Wasser des Lebens umsonst!

Und nun, wenn wir dies verstanden habe, können wir Weihnachten feiern. Erfreuen wir uns an den wunderschönen, in Jahrhunderten entstandenen Traditionen um dieses Fest: Die Menschen beschenken sich gegenseitig wie noch nie; die Städte sind geschmückt, bis hin in die einfachsten Wohnzimmer armer Leute. In den Kirchen wird gesungen, jubelnde Chöre begrüßen das himmlische Kind in der Krippe. Es gibt nichts Größeres, was wir feiern könnten.

Liebe Freunde,

wenn Ihr es bis hierher geschafft habt, mit Euren Freunden in Eurem neuen Hauskreis diese Bibelseminare durchzugehen, dann möchte ich Euch dazu gratulieren. Ganz einfach war es wohl sicher nicht, aber sehr bald zeigt sich bei einer solchen Arbeit, welchen Segen und wunderbare Freundschaften sie mit sich bringt.

Ihr selbst habt durch diese Arbeit die Bibel nun auch schon viel besser kennengelernt, und Ihr wisst auch, dass Ihr sie kaum jemals bis zum Grund ausschöpfen könnt. Von nun an könnt Ihr also allein weitermachen.

Eines sollt Ihr dabei jedoch bedenken: Die Auslegung von Bibelstellen ist sehr persönlich und entspricht dem Verständnis der einzelnen Person. Auch die Zuhörer in einer Gruppe verarbeiten es für sich selbst ganz individuell. Dabei kann es schon große Unterschiede geben. Aber Auslegungen sind keine neuen Übersetzungen! Die Treue zum Wort, so wie es uns überliefert wurde, muss unbedingt gewahrt bleiben.
　Mit Verfälschungen wäre niemandem gedient.

Es ist wichtig, den Bibeltext im Original immer zuerst zu lesen und ihn dann zu besprechen. Ich empfehle die *Zürcher Bibel* und die *Lutherbibel von 1912*. Bei besonders wichtigen Stellen sollte man beide Übersetzungen vergleichen.

Fragt die Mitglieder Eurer Gruppe, woran sie gern arbeiten möchten und welche Themen ihnen besonders am Herzen liegen. Ihr werdet überrascht sein! Also nur Mut und viel Glück! Der Umgang mit dem Schöpfer und Weltlehrer der Menschheit zeigt Euch die Möglichkeiten Eurer Entwicklung auf ganz neue Weise. Es wird immer reicher und schöner, je länger ihr Euch damit beschäftigt.
　Seid herzlich gegrüßt

Eure
Edith Krispien

Von Edith Krispien sind bei BUCH&media außerdem erschienen:

Ein Wunder läuft durch die Zeit
München 2005; ISBN 3-86520-039-7

Dieses Buch ist eine Bibelarbeit über die Offenbarung Christi an Johannes mit besonderem Augenmerk auf die vier Siebenheiten: Die Sendschreiben an die Engel, die sieben Siegel, die sieben Posaunen, die sieben Zornschalen. Als einheitliches Gebäude betrachtet, wie eine Pyramide mit vier Seiten, gewinnen die Leser hier einen tieferen Einblick in dieses krönende Abschlussbuch der Bibel.

Das unbekannte Ich
München 2005; ISBN 3-86520-135-0

Edith Krispien gibt hier eine Anleitung zur Selbsterfahrung anhand des Rädersystems, welches sie in den Jahren ihrer psychologischen Arbeit selbst entwickelt hat. Dabei werden in ausgewogener Weise positive und negative Erfahrungen bewusst gemacht und aufgearbeitet. Zwischenmenschliche Erlebnisse werden durch Gestaltarbeit vertieft. Es kann auch für mehrere Personen zu einer spannenden Gruppenarbeit genutzt werden.

Eine genaue Beschreibung dieser Methode sowie eine Auflistung aller bisher erschienenen Bücher und Kassetten befindet sich auf der Homepage der Autorin:

www.Edith-Krispien.de